Impressum
Verlag: BABADADA GmbH, Nedderfeld 112 , 22529 Hamburg
Geschäftsführer / Verlagsleitung: Harald Hof
Druck: Books on Demand GmbH, In de Tarpen 42, 22848 Norderstedt

Imprint
Publisher: BABADADA GmbH, Nedderfeld 112 , 22529 Hamburg, Germany
Managing Director / Publishing direction: Harald Hof
Print: Books on Demand GmbH, In de Tarpen 42, 22848 Norderstedt, Germany

ቤት-ትምህርቲ

skole

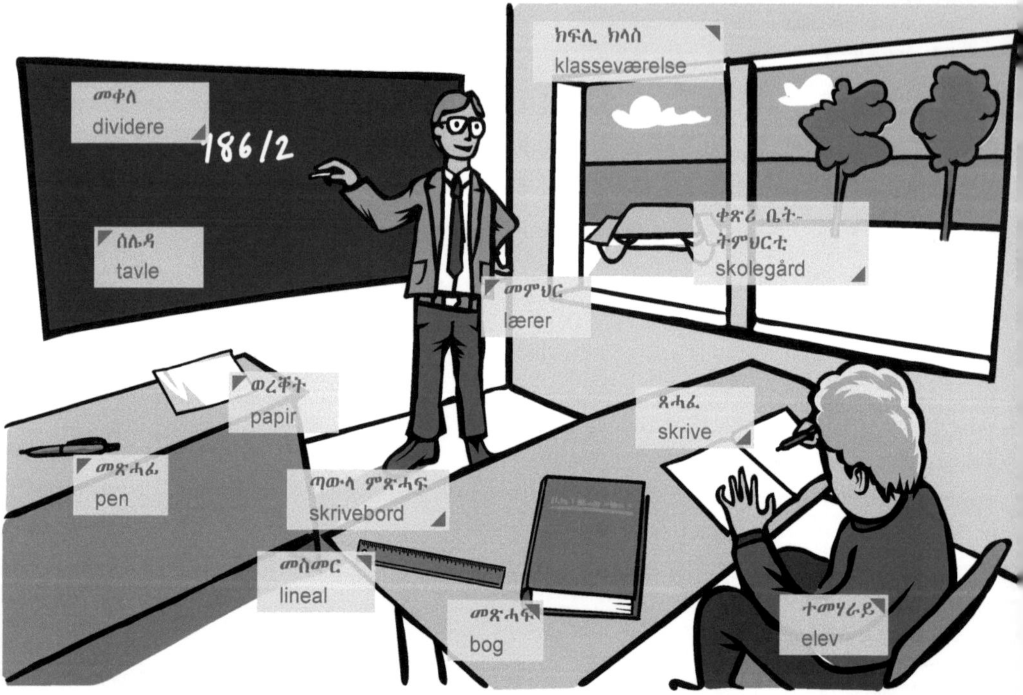
ክፍሊ ክላስ
klasseværelse
መቀለ
dividere
186/2
ሰሌዳ
tavle
መምህር
lærer
ቀጽሪ ቤት-ትምህርቲ
skolegård
ወረቐት
papir
ጸሓፈ
skrive
መጽሓፊ
pen
ጣውላ ምጽሓፍ
skrivebord
መስመር
lineal
መጽሓፍ
bog
ተመሃራይ
elev

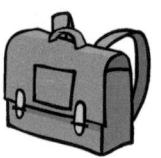

ሳንጣ ትምህርቲ
....
skoletaske

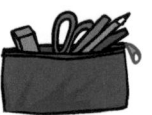

ሰፈር ብርዒ
....
penalhus

ርሳስ
....
blyant

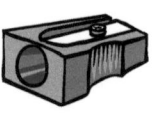

መብልሒ ርሳስ
....
blyantspidser

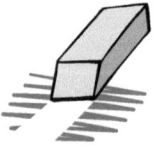

መደምሰሲ
....
viskelæder

ጥራዝ ስእሊ
....
tegneblok

ስእሊ

tegning

ብርዒ ቀለም

pensel

ቦክስ ቀለም

æske med vandfarver

መቐስ

saks

መጣበቒ

lim

ጥራዝ መላመዲ

opgavehefte

ዕዮ ገዛ

lektie

12

ቁጽሪ

tal

2+2

ወሰኽ

addere

5-2

ጎደለ

subtrahere

2×2

ረብሓ

multiplicere

ደመረ

regne

A

ፊደል

bogstav

ABCDEFG
HIJKLMN
OPQRSTU
VWXYZ

ስርዓት ፊደላት

alfabet

hello

ቃል

ord

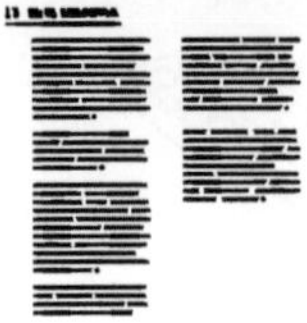

ጽሑፍ

tekst

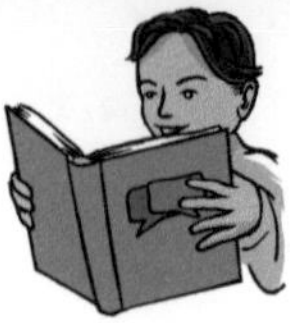

ኣንበበ

læse

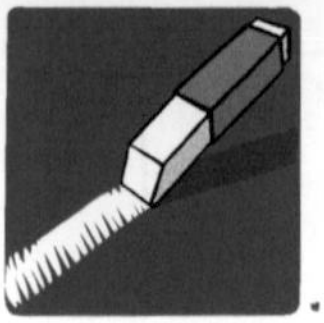

ኩርሽ

kridt

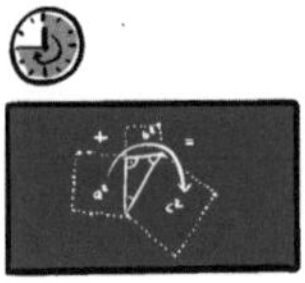

ሰዓት

time

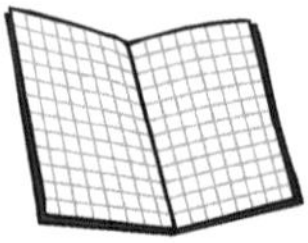

መዝገብ ክላስ

klasseprotokol

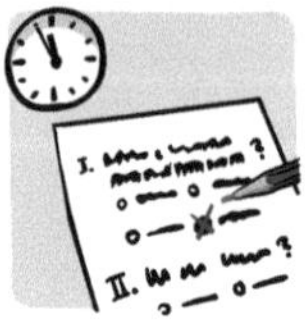

መርመራ

eksamen

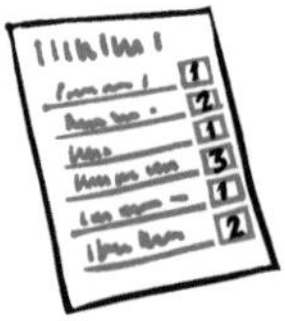

ሰርቲፊኬት

karakterbog

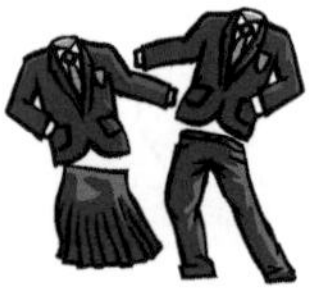

ድቢዛ ቤትትምህርቲ

skoleuniform

ትምህርቲ

uddannelse

ለክሲኮን

leksikon

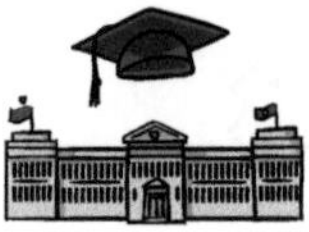

ዩኒቨርሲቲ

universitet

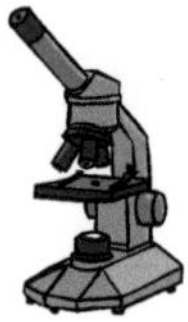

ሚክሮስኮፕ

mikroskop

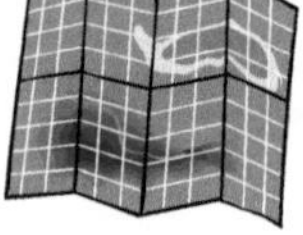

ካርታ

kort

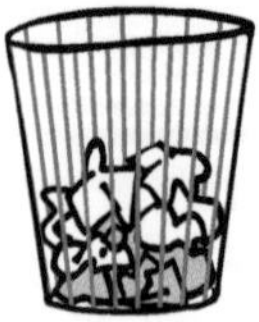

ጎሓፍ ወረቐት

papirkurv

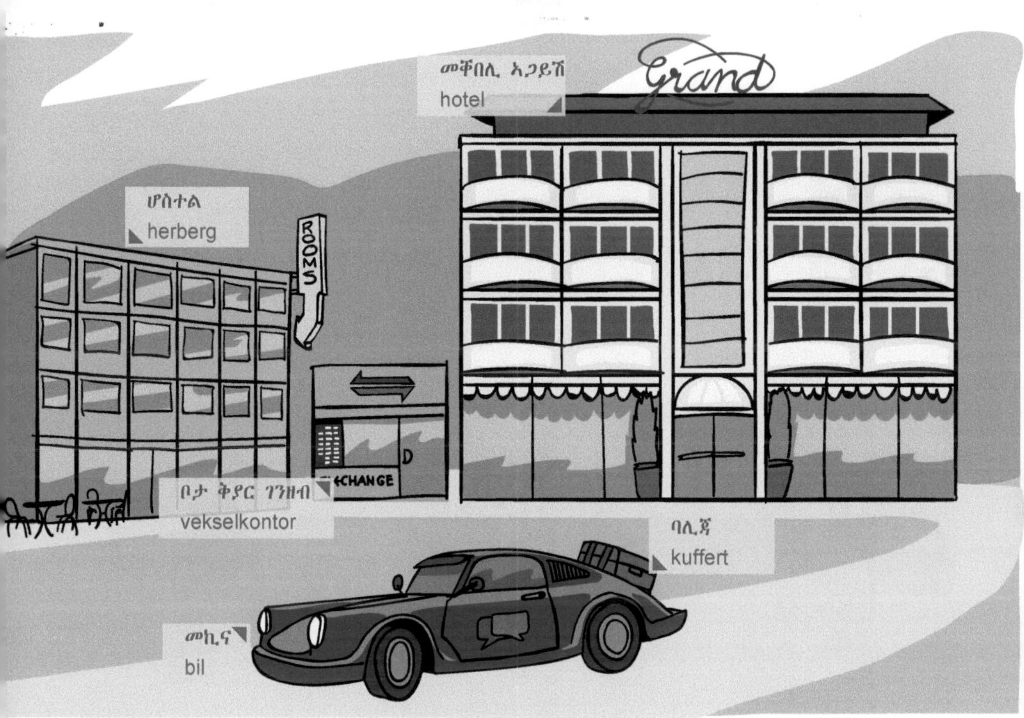

መቐበሊ ኣጋይሽ
hotel
Grand
ሆስተል
herberg
ROOMS
ቦታ ቅያር ገንዘብ
vekselkontor
ባሊጃ
kuffert
መኪና
bil

ቋንቋ

sprog

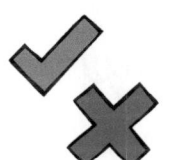

እወ / ኖ

ja / nej

ሕራይ

okay

ሰላም

hej

ኣስተርጓሚ

oversætter

የቐንየለይ

tak

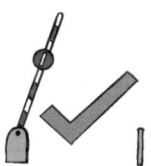

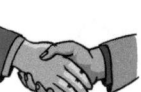

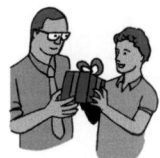

. . . ክንደይ ዋግኡ?

hvad koster...?

አይተረድኣኹን

Jeg forstår ikke

ሽግር

problem

ሰላም ምሽት!

God aften!

ከመይ ሓዲርካ

God morgen!

ሰላም ለይቲ

God nat!

ደሓን ኩን

farvel

አንፈት

retning

ጉዓዝ

bagage

ሳንጣ

taske

ሳንጣ ሕቖ

rygsæk

ጋሻ

gæst

ክፍሊ

værelse

ክሻ መደቆሲ

sovepose

ቴንዳ

telt

ሓበሬታ በጻሕቲ ሃገር
turistinformation

ገምገም ባሕሪ
strand

ክሬዲት ካርድ
kreditkort

ቁርሲ
morgenmad

ምሳሕ
middagsmad

ድራር
aftensmad

ቲከት
billet

ሊፍት
elevator

ማሕተም ደብዳበ
frimærke

ዶብ
grænse

ድንና
told

ኣምበሲ
ambassade

ቪዛ
visum

ፓስፖርት
pas

መጐዓዝያ

transport

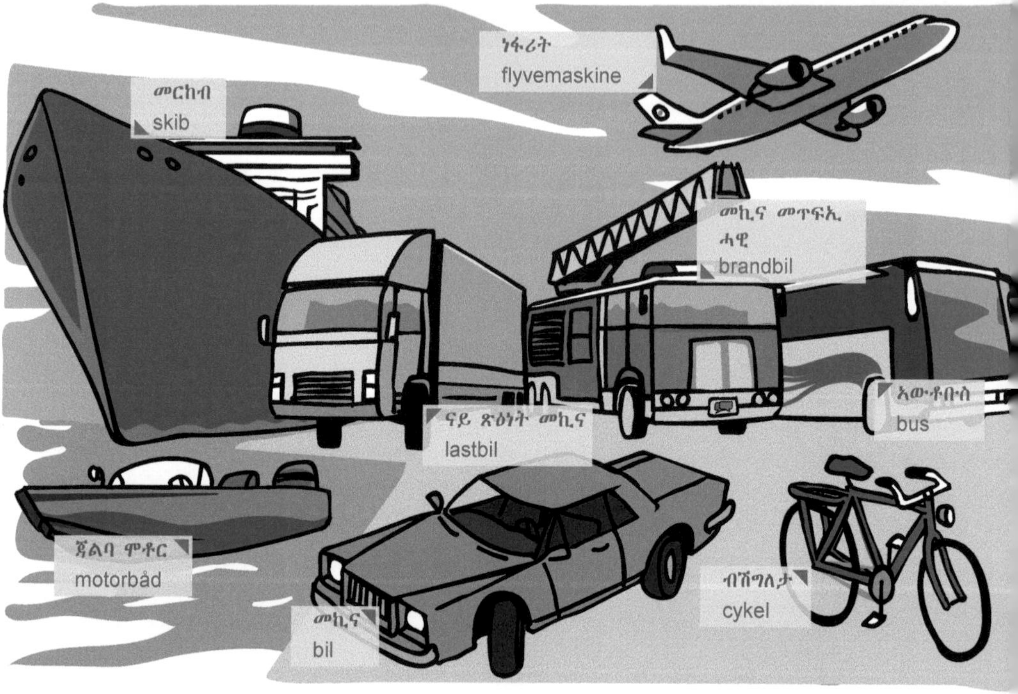
ነፋሪት
flyvemaskine
መርከብ
skib
መኪና መጥፋኢ ሓዊ
brandbil
ናይ ጽዕነት መኪና
lastbil
ኣውቶቡስ
bus
ጃልባ ሞቶር
motorbåd
መኪና
bil
ብሽግለታ
cykel

ፌሪ
....
færge

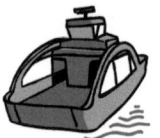

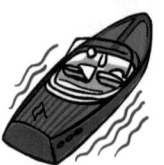

ጃልባ
....
båd

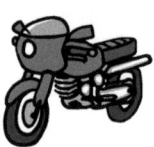

ሞቶ
....
motorcykel

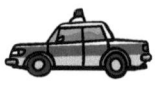

መኪና ፖሊስ
....
politibil

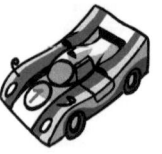

መኪና ቅድድም
....
racerbil

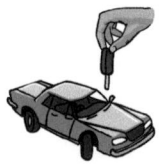

ክራይ መኪና
....
lejebil

ምውፋይ መካይን

samkørsel

መወስዲ መኪና

kranbil

መኪና ነሓፍ

skraldebil

ሞቶር

motor

ነዳዲ

benzin

እንዳ ነዳዲ

tankstation

ምልክት ትራፊክ

trafikskilt

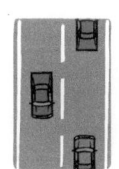

ትራፊክ

trafik

ምጭቕጫቕ ትራፊክ

trafikprop

መዐሸጊ መኪና

parkeringsplads

መዕረፊ ባቡር

banegård

ሓዲግ

skinner

ባቡር

tog

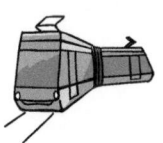

ትረም

sporvogn

ባጎኒ

wagon

ሄሊኮፕተር

helikopter

መዓረፍ ነፈርቲ

lufthavn

ታወር

tårn

ተጓዓዚ

passager

ኮንተይነር

container

ሳንዱቕ ካርቶን

karton

ኮርሳ ጽዕነት

kærre

ዘንቢል

kurv

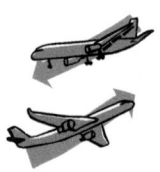

ተበገሰ / ዓለበ

starte / lande

ቀኣሸት

landsby

ማእከል ከተማ

bymidte

ገዛ

hus

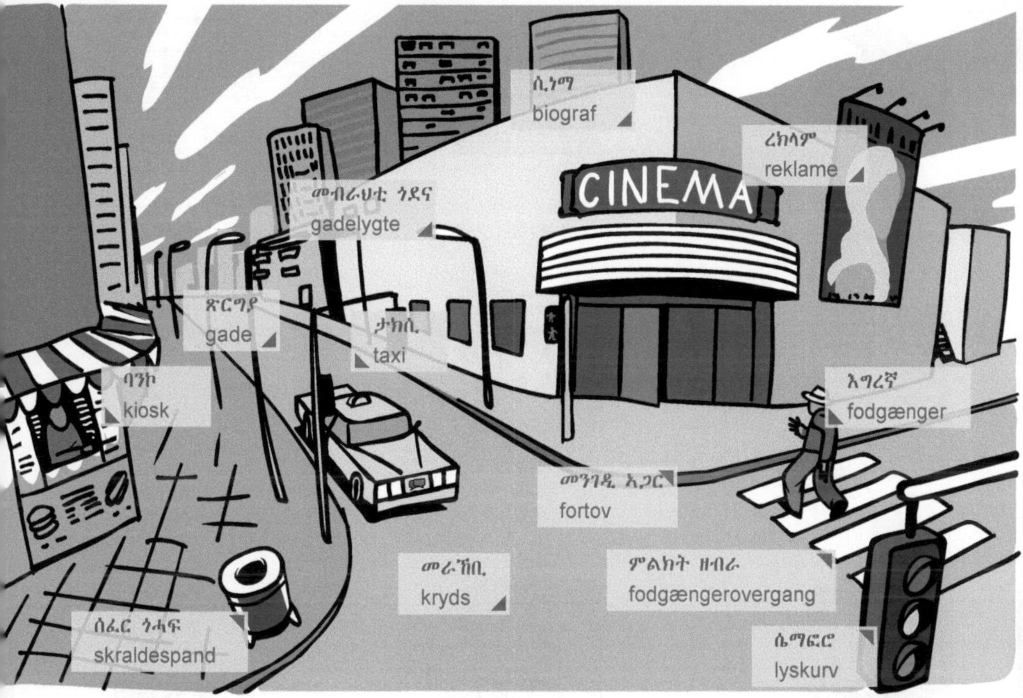

CINEMA
ሲነማ
biograf
ረክላም
reklame
መብራህቲ ጎደና
gadelygte
ጽርግያ
gade
ታክሲ
taxi
ባንኮ
kiosk
እግረኛ
fodgænger
መንገዲ ኣጋር
fortov
መራኸቢ
kryds
ምልክት ዘብራ
fodgængerovergang
ሰፈር ጎሓፍ
skraldespand
ሴማፎሮ
lyskurv

ኣጕዶ

hytte

ኣፓርትመንት

lejlighed

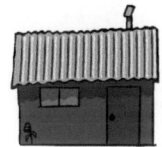

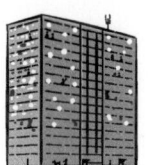

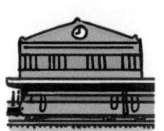

መዕረፊ ባቡር

banegård

ቤት ምምሕዳር

rådhus

MUSEUM

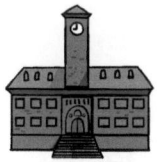

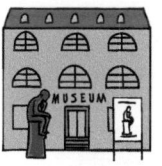

ቤተ መዘክር

museum

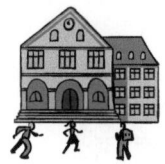

ቤት-ትምህርቲ

skole

ዩኒቨርሲቲ
universitet

ባንክ
bank

ሆስፒታል
sygehus

መቆበሊ አጋይሽ
hotel

ቤት መድሃኒት
apotek

ቤት ጽሕፈት
kontor

ዱኳን መጽሓፍቲ
boghandel

ዱኳን
butik

ዱኳን ዕንባባ
blomsterbutik

ሱፐርማርክት
supermarked

ዕዳጋ
marked

ሾቅ
stormagasin

ነጋዳይ ዓሳ
fiskehandler

ሾቅ
butikscenter

መርሳ
havn

መዝናግዒ

park

ባንኪ

bænk

ድልድል

bro

መደያያቦ

trappe

ባቡር ትሕቲ ምድሪ

undergrundsbane

ቢንቶ

tunnel

መዕረፊ አውቶቡስ

busstoppested

ቤት መስተ

barnevogn

ቤት-መግቢ

restaurant

ስታሪት

postkasse

ታቤላ

vejskilt

ሰዓት ፓርኪንግ

parkometer

መካነ እንስሳታት

zoo

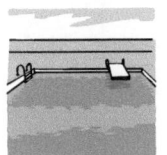

መሓምበሲ

badeanstalt

መስጊድ

moske

ቤት ሕርሻ

bondegård

ብከላ

miljøforurening

መቓበር

kirkegård

ቤተክርስትያን

kirke

ቦታ ምጽዋት

legeplads

ቤት መቕደስ

tempel

ስእሊ መሬት

landskab

ኣቝጽልቲ
blad

መሕበሪ መገዲ
vejviser

መገዲ
vej

ሻኻ
eng

እምኒ
sten

ኮብላሊ
vandrer

ኣግራብ
træ

ፈለግ
flod

ሰዓር
græs

ዕንባባ
blomst

ስንጭሮ
dal

ጎቦ
bjerg

ቀላይ
sø

ዱር
skov

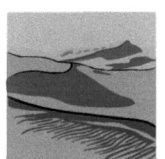

ምድረ በዳ
ørken

እሳተ-ጎመራ
vulkan

ግምቢ
slot

ቀስተ-ደመና
regnbue

ቃንጥሻ
svamp

ዓርኮብኮባይ
palme

ጣንጡ
moskito

ሃመማ
flue

ጻጻ
myre

ንህቢ
bi

ሳሬት
edderkop

ሕንዚዝ

bille

ዕንቍርዖብ

frø

ምጽጹላይ

egern

ቅንፍዝ

pindsvin

ማንቲለ

hare

ጉንጕ

ugle

ጭሩ

fugl

ስዋን

svane

መፍለስ

vildsvin

ዓጋዘን

hjort

ሙስ

elg

ግድብ

dæmning

ተርባይን ንፋስ

vindmølle

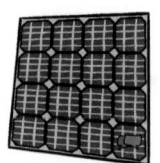

ሶላር ስርሓት

solcellemodul

ኩነታት ኣየር

klima

ቤት-መግቢ

restaurant

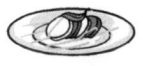

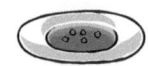

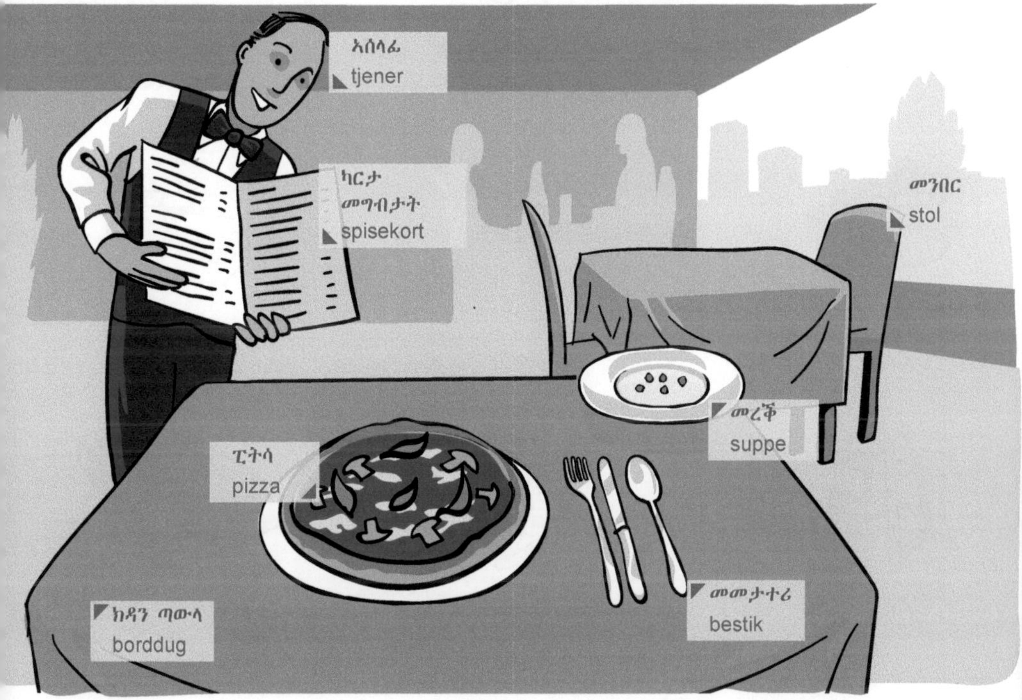

አሰላፊ
tjener
ካርታ መግብታት
spisekort
መንበር
stol
መረቕ
suppe
ፒትሳ
pizza
ክዳን ጣውላ
borddug
መመታተሪ
bestik

ቅድመ ቀንዲ መግቢ

....

forret

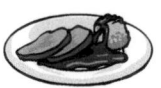

ቀንዲ መአዲ

....

hovedret

ድሕረ መግቢ

....

dessert

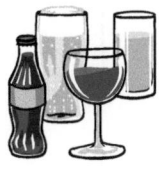

መስተ

....

drikkevarer

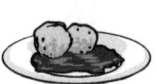

መግቢ

....

mad

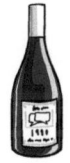

ጥርሙዝ

....

flaske

ስሉጥ መግቢ
fastfood

መግቢ ጽርግያ
streetfood

ብርጭቆ ሻሂ
tekande

ታኒካ ሽኮር
sukkerdåse

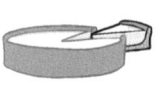

ክፋል
portion

ማሺን ኤስፕረሶ
espressomaskine

ነዊሕ መንበር
barnestol

ጸብጻብ
faktura

ታብለት
tablet

ካራ
kniv

ፋርከታ
gaffel

ማንካ
ske

ማንካ ሻሂ
teske

ሰርቭየተ
serviet

ብኬሪ
glas

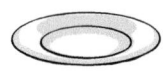

ሸሓኒ

tallerken

ሸሓኒ መረቕ

dyb tallerken

ትሕቲ ኩባያ

underkop

ጸብሒ

sovs

ወሃቢ ጨው

saltbøsse

መጥሓን በርበረ

peberkværn

ኣቾቶ

eddike

ዘይቲ

olie

ቀመም

krydderier

ከቾፕ

ketchup

ኣድሪ

sennep

ማዮኔዝ

mayonnaise

ሱፐርማርከት

supermarked

ወፈያ
tilbud
FOR
ዓሚል
kunde
ፍርያታት ጸባ
mælkeprodukter
ፍረታት
frugt
ሰረገላ ዱኳን
indkøbsvogn

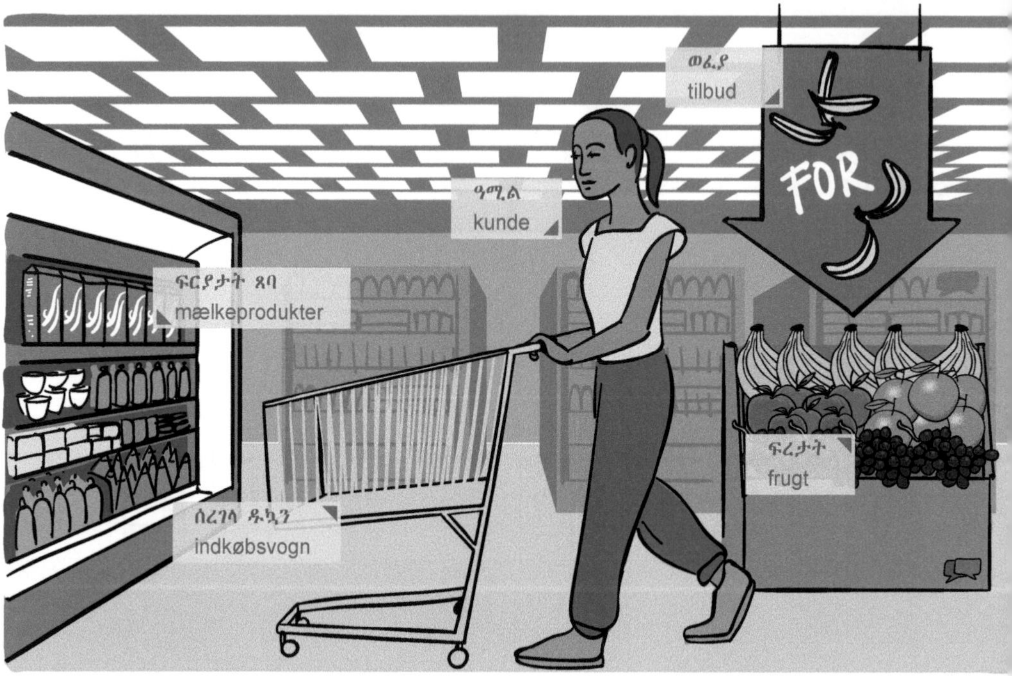

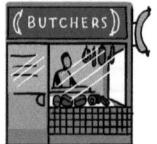

BUTCHERS

እንዳ ስጋ

slagter

BAKERY

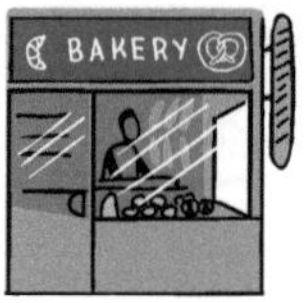

እንዳ ባኒ

bageri

ክብደት

veje

ኣሕምልቲ

grøntsager

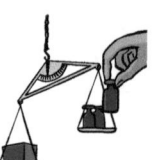

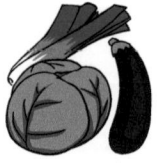

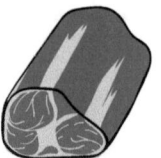

ስጋ

kød

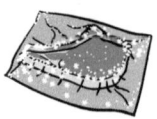

መግቢ ፍሪጅ በረድ

frostvarer

ዝሑል ቅሩብ መግቢ
....
pålæg

እስቃጥላ
....
konserves

አሞ
....
vaskemiddel

ምቁር መግቢ
....
slik

ዘቤታውያን አቕሑ
....
husholdningsvarer

ናውቲ መጸረዪ
....
rengøringsmidler

ሸቃጣይ
....
ekspedient

ካሳ
....
kasse

ተሓዚ ገንዘብ
....
kasserer

ዝርዝር ምግዛእ
....
indkøbsliste

ክፉት ሰዓታት
....
åbningstider

ማሕፉዳ
....
tegnebog

ክረዲት ካርድ
....
kreditkort

ሳንጣ
....
taske

ፌስታል
....
plasticpose

ማይ

vand

ጽማቍ

saft

ጸባ

mælk

ኮላ

cola

ነቢት

vin

ቢራ

øl

አልኮል

alkohol

ካካው

kakao

ሻሂ

te

ቡን

kaffe

ኤስፕረሶ

espresso

ካፑቺኖ

cappuccino

ባናና

banan

ቱፋሕ

æble

አራንሺ.

appelsin

ብርጭቆ

melon

ለሚን

citron

ካሮት

gulerod

ጼዕዳ ሽጉርቲ

hvidløg

ባምቡስ

bambus

ሽጉርቲ

løg

ቅንጥሻ

svamp

ፉል

nødder

ፓስታ

nudler

ስፓገቲ

spaghetti

ሩዝ

ris

ሰላጣ

salat

ቅልዋ ድንሽ

pomfritter

ቅሉው ድንሽ

stegte kartofler

ፒትሳ

pizza

ሃምቡርገር

hamburger

ፓኒኖ

sandwich

ቢስተካ

schnitzel

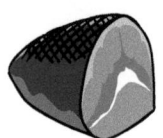

ሰለፍ ሓሰማ

skinke

ሳላሚ

salami

ግዕዝም

pølse

ደርሆ

kylling

ቀለወ

steg

ዓሳ

fisk

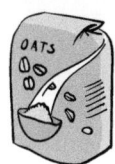

ገዓት

havregryn

ሙስሊ

mysli

ኮርንፍለይክስ

cornflakes

ሓርጭ

mel

ክሮሶን

croissant

ባኒ

rundstykke

ባኒ

brød

ቶስት

toast

ብሽኮቲ

kiks

ጠስሚ

smør

ርግኦ

kvark

ፓስተ

kage

እንቋቍሖ

æg

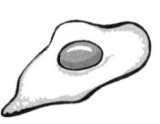

ቅሉው እንቋቍሖ

spejlæg

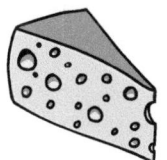

ፋርማጆ

ost

አይስ ክሪም
....
is

ሽኮር
....
sukker

መዓር
....
honning

ጄም
....
marmelade

ኑጋት-ክሪም
....
nougat-creme

ኩሪ
....
karry

ቤት ሕርሻ
bondegård

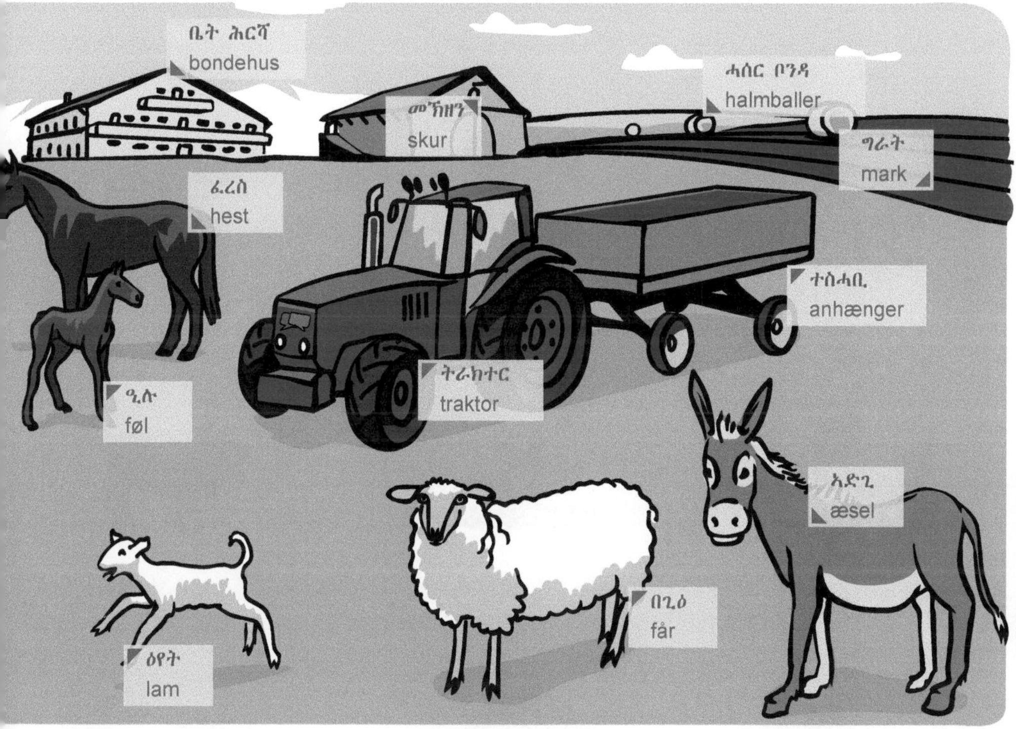
ቤት ሕርሻ
bondehus
መኽዘን
skur
ሓሰር ቦንዳ
halmballer
ግራት
mark
ፈረስ
hest
ተሰሓቢ
anhænger
ዒሉ
føl
ትራክተር
traktor
ኣድጊ
æsel
በጊዕ
får
ዕየት
lam

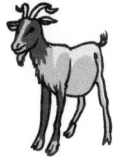

ጤል
....
ged

ብዕራይ
....
ko

ምራኽ
....
kalv

ሓሰማ
....
svin

ውላድ ሓሰማ
....
gris

ኣርሓ
....
tyr

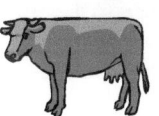

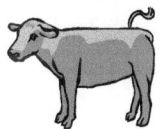

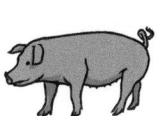

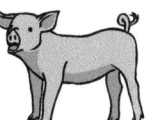

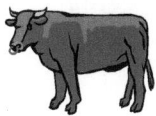

ዓሳ
gås

ማይ ደርሆ
and

ጫቁሊት
kylling

ደርሆ
høne

ኣርሓ ደርሆ
hane

ኣንጪዋ ዓባይ
rotte

ድሙ
kat

ኣንጭዋ
mus

ብዕራይ
okse

ከልቢ
hund

ኣጉዶ ከልቢ
hundehus

ቱባ ጀርዲን
haveslange

መዝፈፈ ማይ
vandkande

ዓቢ ማዕጺድ
le

ማሕረሻ
plov

ማዕጺድ
....
segl

ጭኸሮ
....
hakkejern

መስአ
....
møggreb

ፋስ
....
økse

ዓረብያ ኢድ
....
trillebør

ጋብላ
....
trug

ብርጭቆ ጸባ
....
mælkekande

ክሻ
....
sæk

ሓጹር
....
hæk

መንሰስ
....
stald

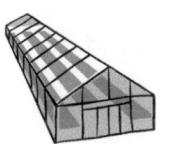

ቾጠልያ ገዛ
....
drivhus

ባይታ
....
jord

ዘርኢ
....
frø

ድኹዒ
....
gødning

ዘጣምር ቀውዓይ
....
mejetærsker

ቀውዐ

høste

ጻማ

høst

ድንሽ ያም

yams

ስርናይ

hvede

ሶያ

soja

ድንሽ

kartoffel

ዕፉን

majs

ራፕስ

raps

ገረብ ፍረታት

frugttræ

ማኒአክ

maniok

አእኻል

korn

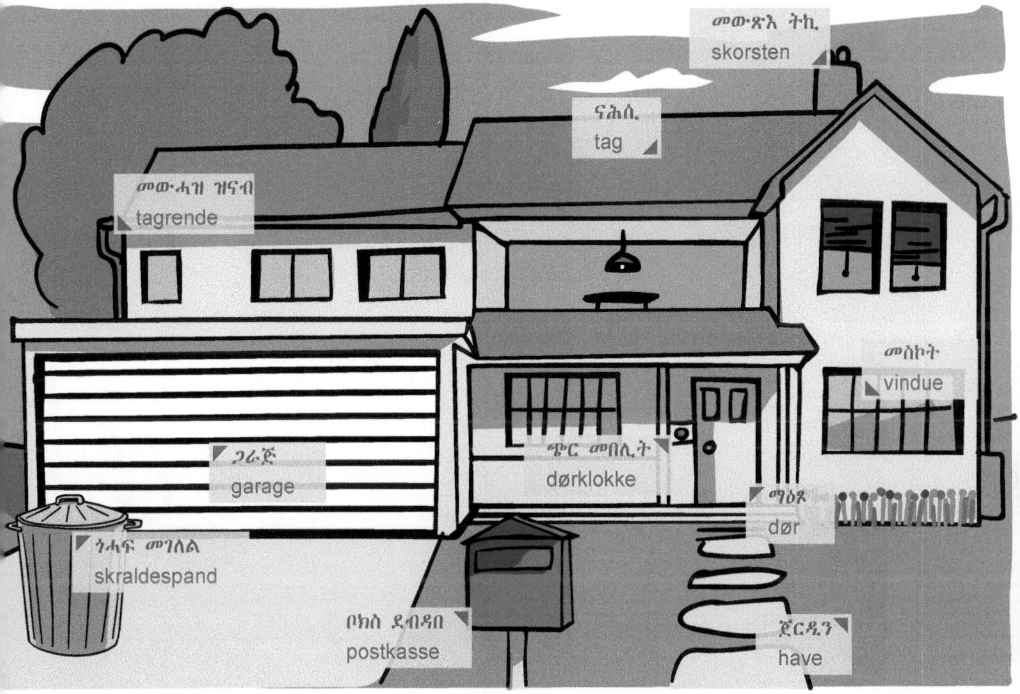

መውጽእ ትኪ
skorsten

ናሕሲ
tag

መውሓዝ ዝናብ
tagrende

መስኮት
vindue

ጋራጅ
garage

ጭር መበሊት
dørklokke

ማዕጾ
dør

ጎሓፍ መግለል
skraldespand

ቦክስ ደብዳበ
postkasse

ጀርዲን
have

ክፍሊ ምቕማጥ
stue

ክፍሊ ባንዮ
badeværelse

ክሽነ
køkken

ክፍሊ መደቀሲ
soveværelse

ክፍሊ ቆልዑ
børneværelse

መመገቢ ክፍሊ
spisestue

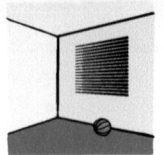

ባይታ

gulv

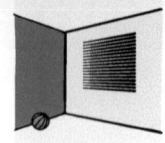

መንደቕ

væg

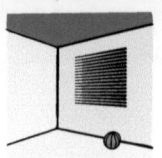

ከቦርታ

loft

ካንቲና

kælder

ሳውና

sauna

ባልኮን

altan

ዛላ

terrasse

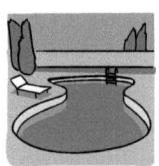

መሕምበሲ

svømmehal

መቑረጺ ሳዕሪ

plæneklipper

ኣንሶላ ዓራት

dynebetræk

ከቦርታ ዓራት

dyne

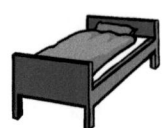

ዓራት

seng

መኹስተር

kost

መግለል

spand

መወልዒት

kontakt

ክፍሊ ምቕማጥ

stue

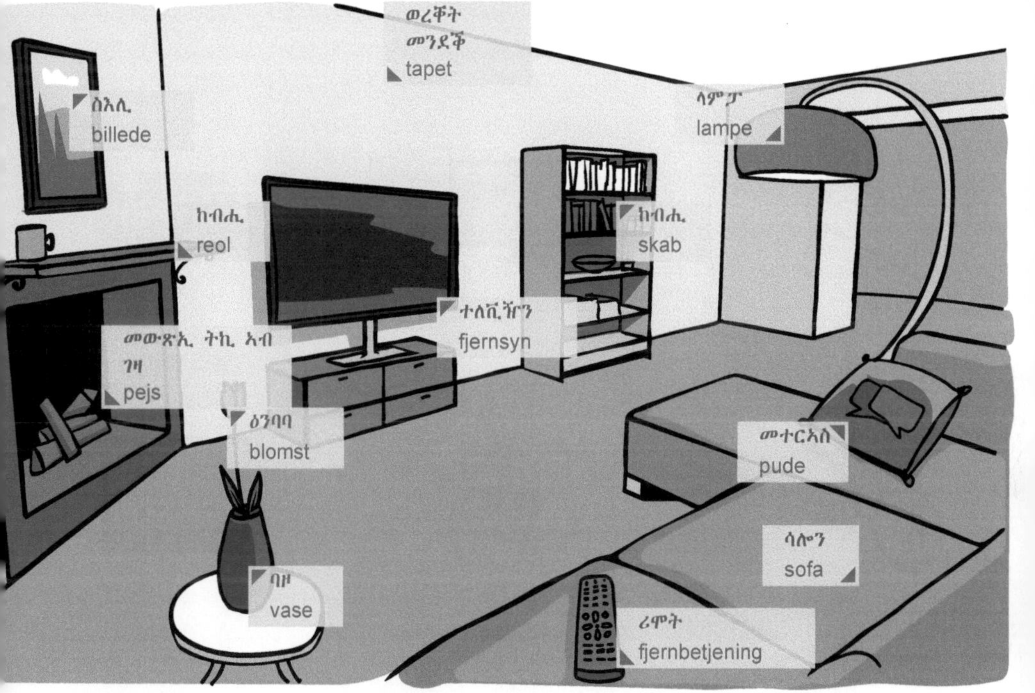

ወረቐት መንደቕ
tapet
ስእሊ
billede
ላምፓ
lampe
ከብሒ
reol
ከብሒ
skab
ተለቪዥን
fjernsyn
መውጽኢ ትኪ ኣብ ገዛ
pejs
ዕንባባ
blomst
መተርኣስ
pude
ሳሎን
sofa
ባዞ
vase
ሪሞት
fjernbetjening

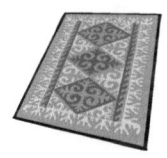

መንጸፍ

gulvtæppe

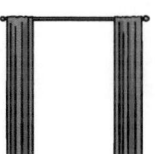

መጋረጃ

gardin

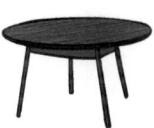

ጣውላ

bord

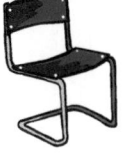

መንበር

stol

ሰለል ዝብል መንበር

gyngestol

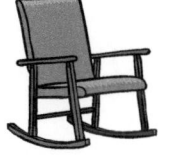

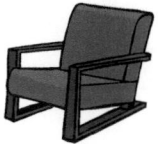

መንበር ምቹእ

lænestol

መጽሓፍ

bog

ከቦርታ

tæppe

ስልማት

dekoration

እንጨይቲ ሓዊ

brænde

ፊልም

film

ስተረዮ

stereoanlæg

መፍትሕ

nøgle

ጋዜጣ

avis

ቅብኣ

maleri

ፖስተር

plakat

ሬድዮ

radio

ጥራዝ

notesblok

መልገሲ ደሮና

støvsuger

በለስ

kaktus

ሽምዓ

lys

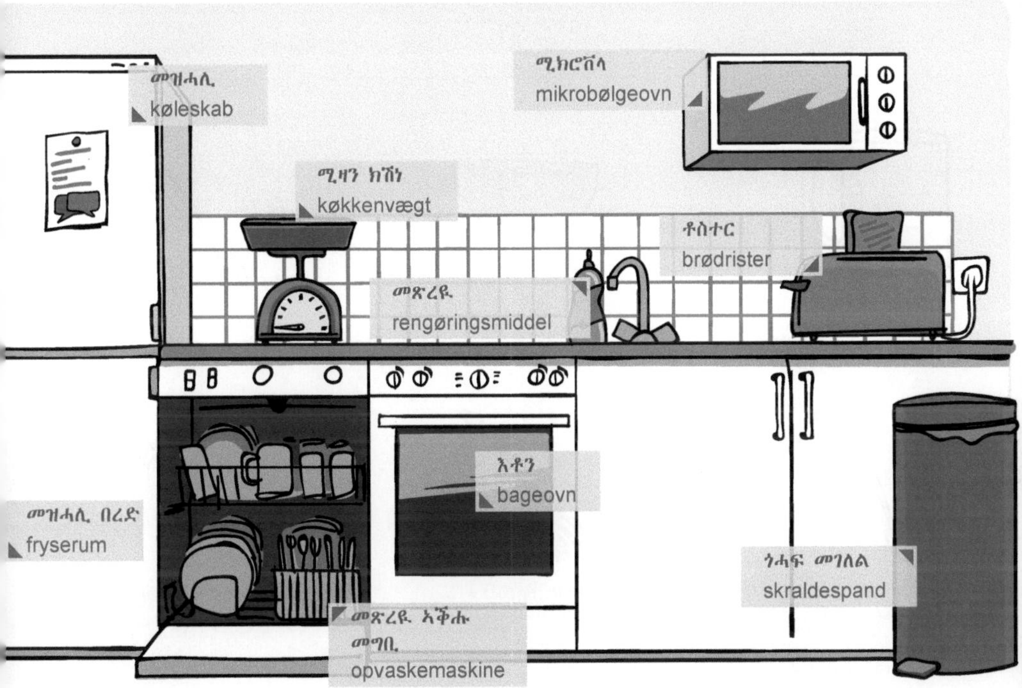

መዝሓሊ
køleskab

ሚክሮሸላ
mikrobølgeovn

ሚዛን ክሽነ
køkkenvægt

ቶስተር
brødrister

መጽረዪ
rengøringsmiddel

እቶን
bageovn

መዝሓሊ በረድ
fryserum

ጎሓፍ መገለል
skraldespand

መጽረዪ አቕሑ መግቢ
opvaskemaskine

መኽሸኒ

komfur

ድስቲ

gryde

ድስቲ ሓጺን

jerngryde

ሸክ/ካዳይ

wok / kadai

ባደላ

pande

መውዓዪ ማይ

elkedel

መፍልሒ

dampkoger

ጓንቲራ ምስንካት

bageplade

አቑሑ መግቢ

service

ብርጭቆ

bæger

ጭሓሎ

skål

ማንካቺና

spisepinde

ማንካ መረቕ

øseske

መገልበጢ ባደላ

paletkniv

መኽስተር ውርጪ

piskeris

መንፈት መግቢ

dørslag

መንፈት

si

መፋሕፍሒ

rive

ሞርታር

morter

ባርቢክዩ

grille

ስፍራ ሓዊ

ildsted

እንጨይቲ ምምታር

skærebræt

እንጨይቲ ኮረረ

kagerulle

መኽፈት ቡሽ

proptrækker

ታኒካ

dåse

መኽፈቲ ታኒካ

dåseåbner

ጨርቂ ድስቲ

grydelap

ቡምባ

køkkenvask

አስባስላ

børste

ሰፍንግ

svamp

ሓዋሲ አደባላቒ

blender

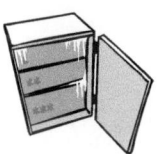

መዝሓሊ በረድ

dybfryser

ጥርሙዝ ማማይ

sutteflaske

ቡምባ ማይ

vandhane

ክፍሊ ባንዮ

badeværelse

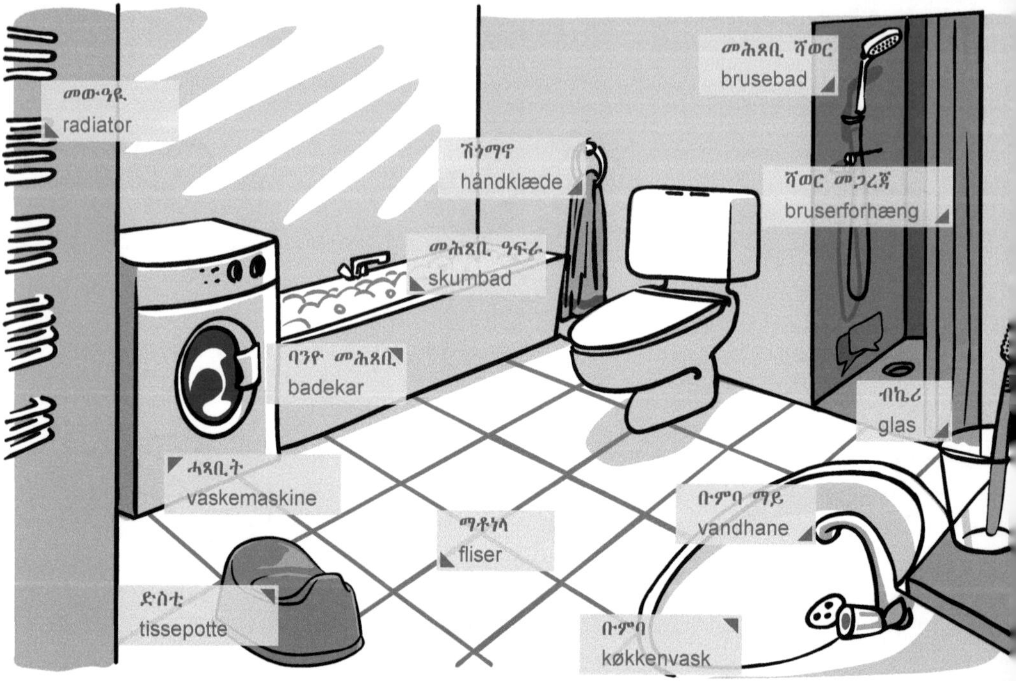

መውዓዪ
radiator
ሽጎማኖ
håndklæde
መሕጸቢ ሻወር
brusebad
ሻወር መጋረጃ
bruserforhæng
መሕጸቢ ዓፍራ
skumbad
ባንዮ መሕጸቢ
badekar
ብኬሪ
glas
ሓጸቢት
vaskemaskine
ቡምባ ማይ
vandhane
ማቶኔላ
fliser
ድስቲ
tissepotte
ቡምባ
køkkenvask

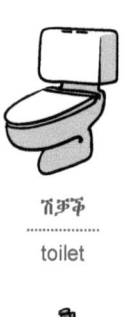

ሽቓቕ

toilet

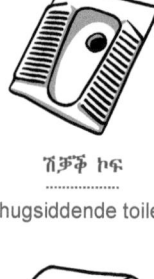

ሽቓቕ ኮፍ

hugsiddende toilet

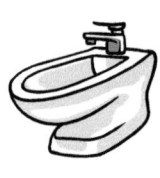

በዴ

bidet

ሽቃቕ ተባዕታይ

pissoir

ወረቐት ሽቓቕ

toiletpapir

ኣስባስላ ሽቓቕ

toiletbørste

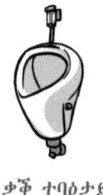

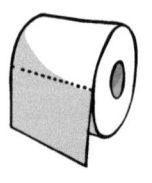

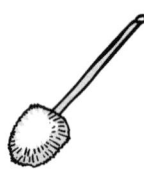

አስባስላ ስኒ

tandbørste

ክሬማ ስኒ

tandpasta

ሃሪ ስኒ

tandtråd

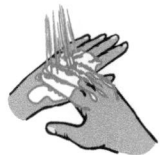
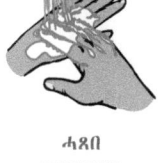

ሓጸብ

vaske

ዱሽ ኢድ

håndbruser

ዱሽ

intimbruser

ብርጭቆ ምሕጻብ

vaskefad

አስባስላ ሕጻ

badebørste

ሳምና

sæbe

ሻወር ጀል

brusegele

ሻምፑ

shampoo

ጨርቂ መሕጸቢ

vaskeklud

መውሓዚ

afløb

ክሬማ

creme

ደዮ ጨና

deodorant

መስትያት

spejl

ናይ ኢ.ድ መስትያት

kosmetikspejl

መላጸ

barberhøvl

ዓፍራ ምጽዳይ

barberskum

ጨና ድሕሪ ምልጻይ

barbervand

መመሸጥ

kam

አስባስለ

børste

መንቆጺ ጸግሪ

hårtørrer

ስፕረይ ጸግሪ

hårspray

መመላኽኢ

makeup

ብርኂ ቀለም ከንፈር

læbestift

አዝማላቶ

neglelak

ጻምሪ ጡጥ

vat

መስደዲ ጽፍሪ

neglesaks

ጨና

parfume

ሳንጣ መሕጸቢ
toilettaske

ድኳ
skammel

ሚዛን
vægt

ክዳን መሕጸቢ
badekåbe

ጐንቲ መጸረዪ
gummihandsker

ታምፖን
tampon

ጨርቂ ሰበይቲ
damebind

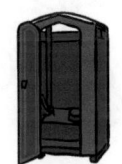

ሽቓቕ ከሚስትሪ
kemisk toilet

ክፍሊ ቆልዑ
børneværelse

ኣላርም
መተስኢ
vækkeur
መጻወቲ እንስሳ
bamse
መጻወቲ መኪና
legetøjsbil
ኳሕኳሕ
መበሊ
skralde
ቤት ባምቡላ
dukkehus
ህያብ
gave

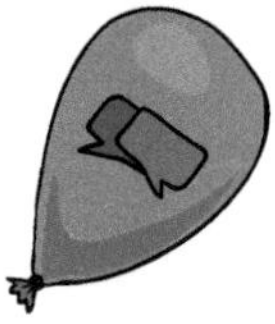

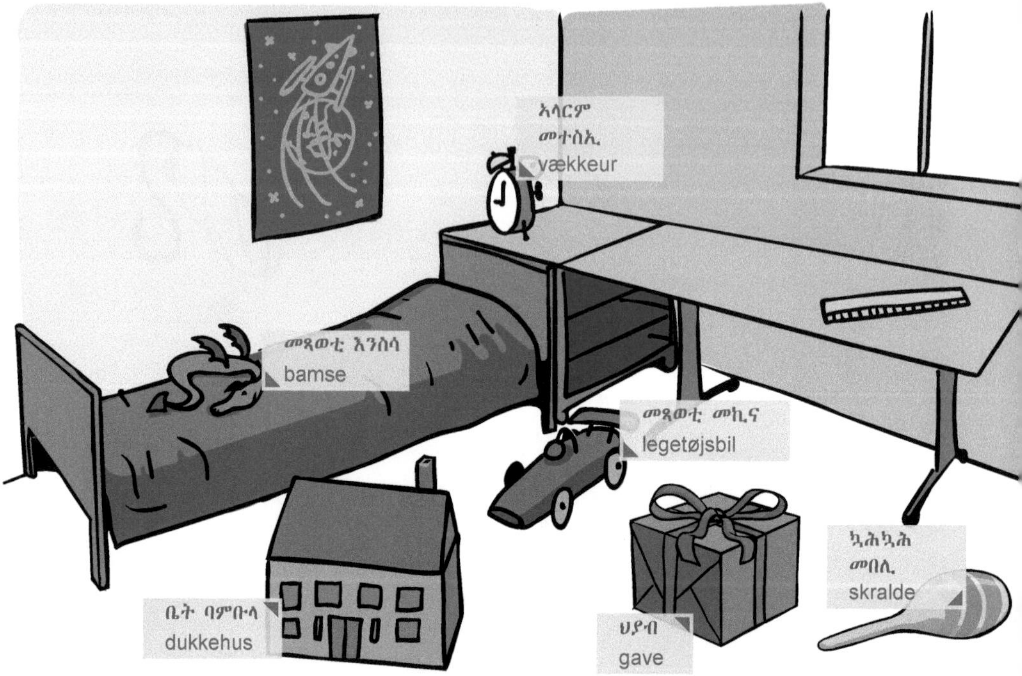

ባላንችና
....
ballon

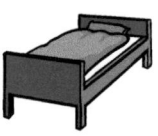

ዓራት
....
seng

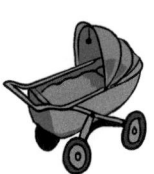

ሰረገላ ህጻን
....
barnevogn

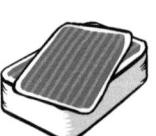

ጸወታ ካርታ
....
kortspil

ሕንቅሊተይ
....
puslespil

ኮሜዲ
....
tegneserie

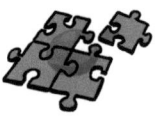

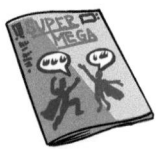

እምንታት መጻወቲ ለጎ
....
legoklodser

መጻወቲ እምንታት
....
byggeklodser

በዓል አክቺን
....
action figur

ክዳን ማማይ
....
sparkedragt

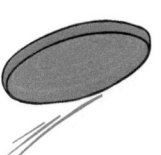

ፍሪስቢ
....
frisbee

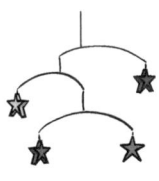

ሞባይል ማማይ
....
uro

ጸወታ ሰሌዳ
....
brætspil

ኩቦ
....
terning

ሞደል ባቡር ምድሪ
....
modeljernbane

ዓባስ
....
sut

ፓርቲ
....
fest

መጽሓፍ ስእሊ
....
billedbog

ኩዕሶ
....
bold

ባምቡላ
....
dukke

ተጻወተ
....
lege

መጻወቲ ሓጺ

sandkasse

ሰላል

gynge

መጻወቲታት

legetøj

ኮንሶል ቪድዮ

spillekonsol

መጻወቲ ሰለስተ መንኮርኮር

trehjulet cykel

ተዲ

bamse

ከብሒ ክዳን

klædeskab

ክዳን

tøj

ካልሲታት

sokker

ነዊሕ ካልስታት

strømper

ስረ ካልሲ

strømpebukser

ሻርባ
sjal

ጻላ
paraply

ቀለሪ
bælte

ማልያ
T-shirt

ስኒከርስ
sneakers

ረፋዕ
støvler

ጫማ ገዛ
hjemmesko

ሻበጥ
sandaler

ጫማ
sko

ረፋዕ ጎማ
gummistøvler

ሙታንታ
underbukser

ክዳን ጡብ
BH

ትሕተ ካሚቻ
undertrøje

ክዳን - tøj

ቦዲ
body

ስረ
bukser

ጂንስ
jeans

ቀምሽ
nederdel

ካምቻ
bluse

ካሚቻ
skjorte

ጉልፎ
pullover

ጎልፎ
sweatshirt

ጃኬት
blazer

ጃከት
jakke

ጁባ
frakke

ክዳን ዝናብ
regnfrakke

ኮስቱም
kostume

ቀምሽ
kjole

ቀምሽ መርዓ
brudekjole

ልብሲ
jakkesæt

ካሚቻ ለይቲ
nattrøje

ክዳን ለይቲ
pyjamas

ሳሪ
sari

መሃረብ ርእሲ
hovedtørklæde

ቱርባን
turban

ቡርካ
burka

ካፍታን
kaftan

አባያ
abaya

ክዳን መሕምበሲ
badedragt

ስረ መሕምበሲ
badebukser

ሓጺር ስረ
korte bukser

ክዳን ታዕሊም
træningsdragt

በጃ ክዳን
forklæde

ጓንቲ
handsker

መልጎም

knap

መነጽር

briller

በንናጅር

armbånd

ማዕተብ

kæde

ቀለበት

ring

ኩትሻ

ørering

ቆብዕ

hue

መንበሪ ጁባ

bøjle

ባርኔጣ

hat

ካራሽት

slips

ሻርኔጣ

lynlås

ሀልመት

hjelm

መድልደል ስረ

seler

ድቢዛ ቤትትምህርቲ

skoleuniform

ድቢዛ

uniform

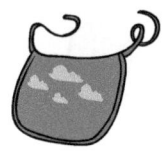

ሰደርያ ቆልዓ

hagesmæk

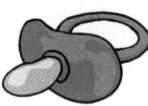

ዓባስ

sut

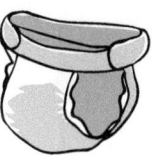

ጨርቂ ማማይ

ble

ቤት ጽሕፈት

kontor

ሰርቨር
server
ክብሒ ሰነድ
arkivskab
ፕሪንተር
printer
ወረቐት
papir
ሞኒቶር
skærm
ጣውላ ምጽሓፍ
skrivebord
ኣንጭዋ
mus
ሓቛፊ
mappe
ኪቦርድ
tastatur
ጎሓፍ ወረቐት
papirkurv
ኮምፒተር
computer
መንበር
stol

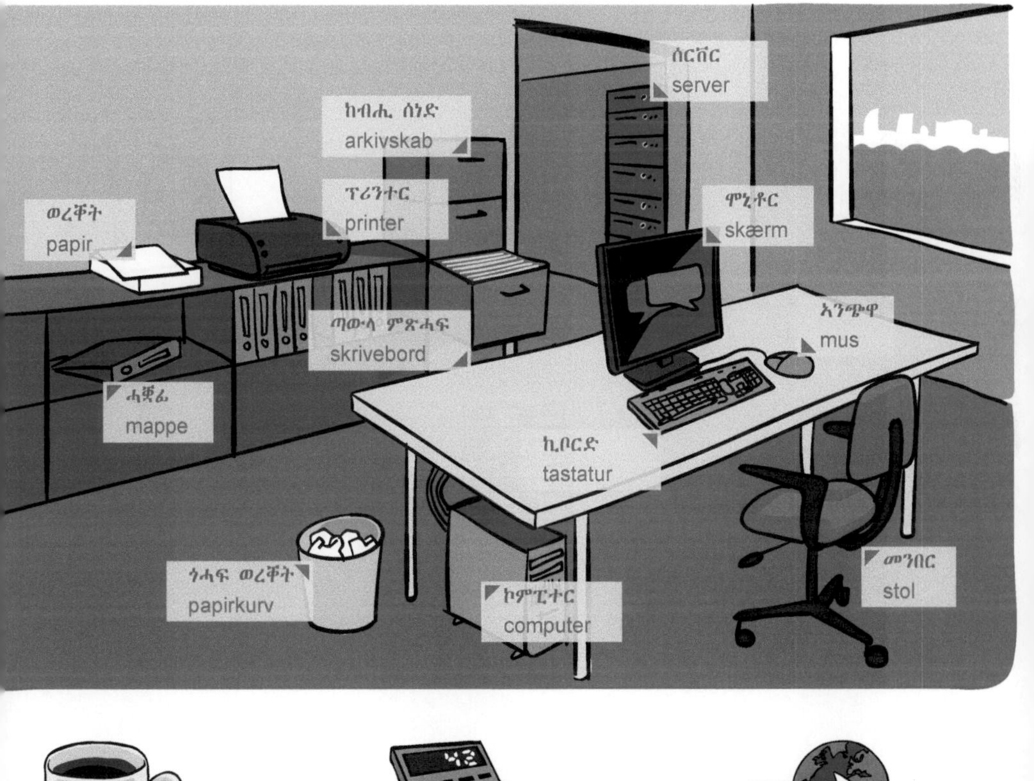

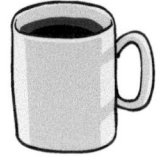

ብርጭቆ ቡን

kaffekrus

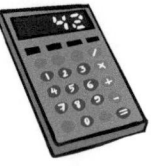

ካልኩለተር

lommeregner

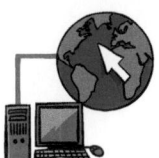

ኢንተርነት

internet

ላፕቶፕ

bærbar

ደብዳበ

brev

መልእኽቲ

besked

ሞባይል

mobil

ነትወርክ/መርበብ

netværk

መቕድሒ ፎቶኮፒ

kopimaskine

ሶፍትዌር

software

ተለፎን

telefon

ሶከት ኳረንቲ

stikdåse

ፋክስ

fax

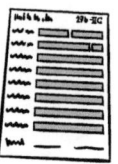

ፎርም

formular

ሰነድ

dokument

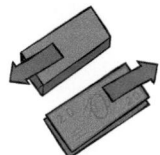

ገዛእ

købe

ከፈለ

betale

ንግዲ

handle

ገንዘብ

penge

ዶላር

dollar

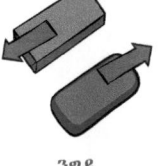

አይሮ

euro

የን

yen

ሩበል

rubel

ስዊዝ ፍራንከን

schweizerfranc

ረንሚንቢ ዩዋን

renminbi yuan

ሩፒየ

rupee

መውጽኢ ማሽን ገንዘብ

hæveautomat

በታ ቅያር ገንዘብ

vekselkontor

ወርቂ

guld

ብሩር

sølv

ዘይቲ

olie

ሓይሊ

energi

ዋጋ

pris

ውዕል

kontrakt

ቀረጽ

skat

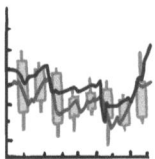

እኩብ ጥረ-ነገራት

aktie

ስርሓ

arbejde

ሰራሕተኛ

ansat

አስራሒ

arbejdsgiver

ትካል

fabrik

ዱኳን

butik

ሞያታት

erhverv

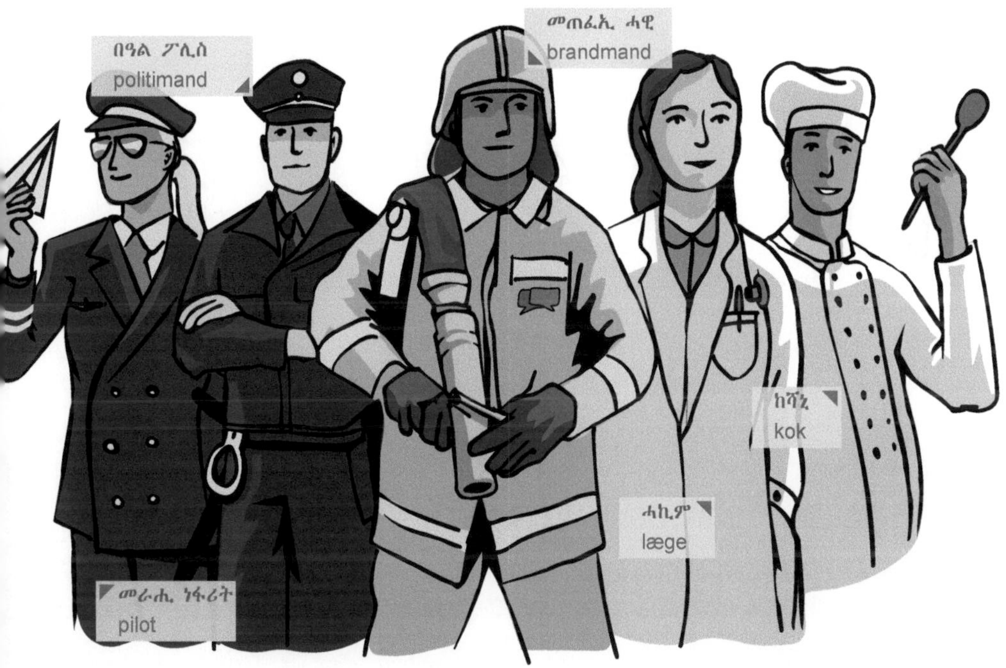

በዓል ፖሊስ
politimand
መጠፊኢ ሓዊ
brandmand
ክሻኒ
kok
ሓኪም
læge
መራሒ ነፋሪት
pilot

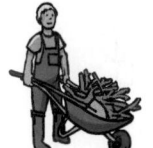

ሰራሕተኛ ጀርዲን

gartner

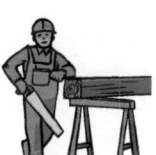

ጸራቢ ዕንጸይቲ

tømrer

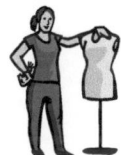

ሰፋይት

syerske

ፈራዳይ

dommer

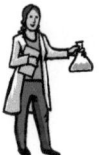

ቀማሚ

kemiker

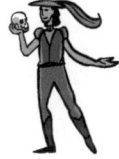

ተዋሳኢ

skuespiller

መራሒ አዉቶቡስ

buschauffør

አውቲስታ ታክሲ

taxachauffør

ገፋፊ ዓሳ

fisker

ጸራጊት

rengøringskone

ሃናጻይ ናሕሲ

tagdækker

አሰላፊ

tjener

ሃዳናይ

jæger

ሰአላይ

maler

እንዳ ሕብስቲ

bager

ኤለትሪከኛ

elektriker

ሃናጺ አባይቲ

bygningsarbejder

ሃንዳሲ

ingeniør

ሰራሕተኛ እንዳ ስጋ

slagter

ድራብሊኮ

vvs-mand

አማላላሲ ፖስጣ

postbud

ወተሃደር
....
soldat

መሃንድስ
....
arkitekt

ተሓዝ ገንዘብ
....
kasserer

ሰራሕተኛ ዕምባባ
....
blomsterhandler

ቀም ቃማይ
....
frisør

ፈተሪኖ
....
togfører

መካኒክ
....
mekaniker

መራሒ መርከብ
....
kaptajn

ሓኪም ስኒ
....
tandlæge

ተመራማሪ
....
videnskabsmand

ራቢ
....
rabbiner

ኢማም
....
imam

ፈላሲ
....
munk

ቀሺ
....
præst

ሞያታት - erhverv

ናውቲ

værktøj

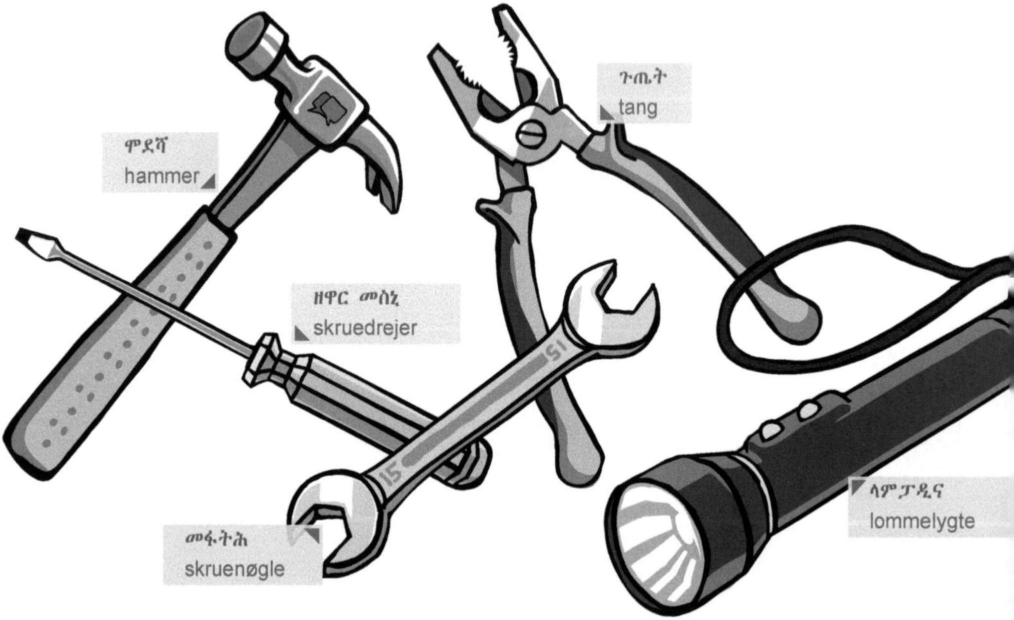

ሞደሻ
hammer
ጉጠት
tang
ዘዋር መስኒ
skruedrejer
መፋትሕ
skruenøgle
ላምፓዲና
lommelygte

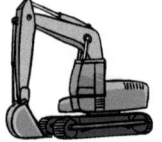

ፈሓሪ

gravemaskine

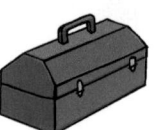

ናውቲ ቦክስ

værktøjskasse

መደያይቦ

stige

መጋዝ

sav

መስማር

søm

ኰዓቲ

bor

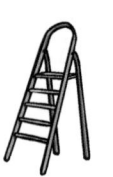

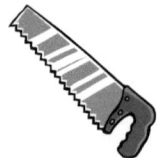

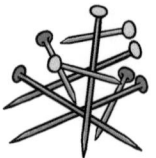

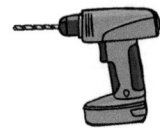

ምዕራይ
reparere

ባደላ
skovl

አይ!
Lort!

መትሓቢ ዶሮና
fejebakke

ድስቲ ቀለም
malerspand

ካቻቢተ
skruer

መሳርሒ ሙዚቃ
musikinstrumenter

ከበሮታት
trommer

እስፒከር
højttaler

ጊታር
guitar

ረጉድ ዓባይ
ጊታር
kontrabas

ትሮምፔት
trompet

ፒያኖ

klaver

ቪዮሊን

violin

ባስ ጊታር

bas

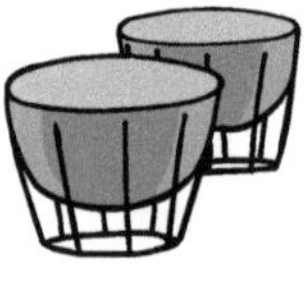

ቲምንኢ

pauke

ከቦሮ

tromme

ኦርጋን

keyboard

ሳክሶፎን

saxofon

ሻምብቆ

fløjte

ሚክሮፎን

mikrofon

መካነ እንስሳታት

ZOO

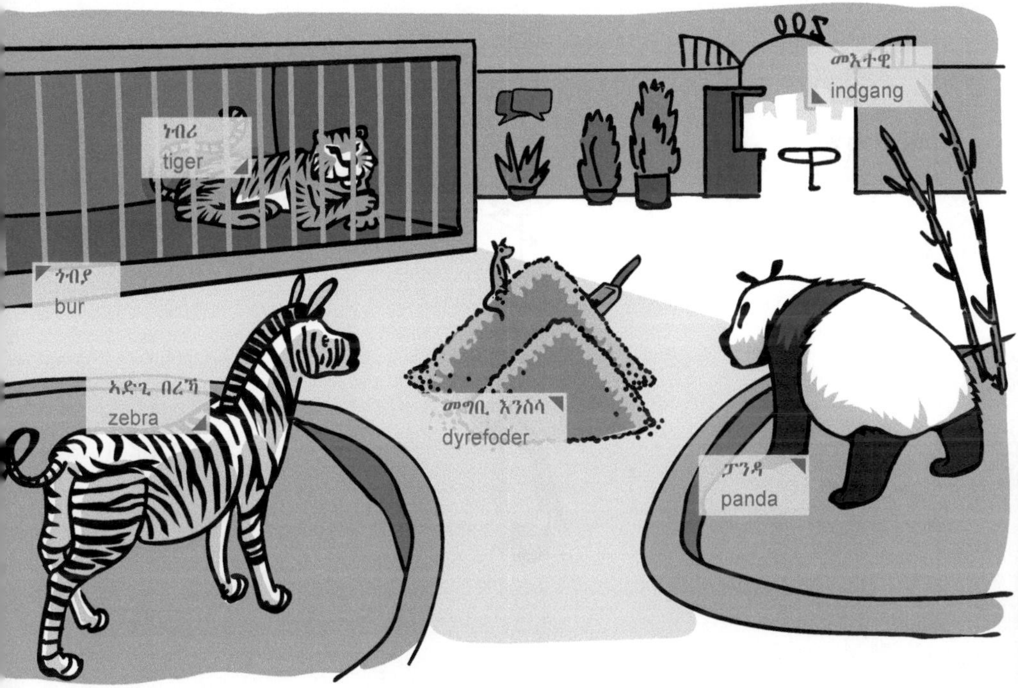

ነብሪ
tiger
መእተዊ
indgang
ኀብያ
bur
አድጊ በረኻ
zebra
መግቢ እንስሳ
dyrefoder
ፓንዳ
panda

እንስሳታት

dyr

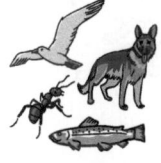

ሓርማዝ

elefant

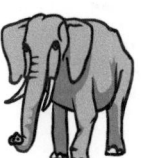

ካንጋሩ

kænguru

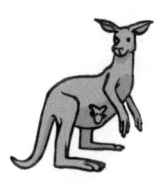

ሓሪሽ

næsehorn

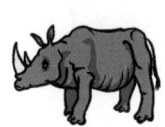

ጉሪላ

gorilla

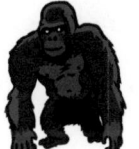

ድቢ

bjørn

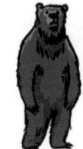

ገመል

kamel

ሰገን

struds

አንበሳ

løve

ህበይ

abe

ፍላሚንጎ

flamingo

ሕንጻይ

papegøje

ድቢ በረድ

isbjørn

ፐንጉን

pingvin

ክልቢ ዓሳ

haj

ጣውስ

påfugl

ተመን

slange

ሓርገጽ

krokodille

ሓላዊ ቤት ገርድሽ

dyrepasser

ዓሳ ዚምገብ እንስሳ ባሕሪ

sæl

ጃንር

jaguar

ሓጺር ፈረስ
pony

ነብሪ
leopard

ጉማሬ
flodhest

ጂራፍ
giraf

ሊላ
ørn

መፍለስ
vildsvin

ዓሳ
fisk

ጎብየ
skildpadde

ዋልሩስ
hvalros

ወኻርያ
ræv

ሰስሓ
gazelle

ናይ አሜሪካ ኩዕሶ እግሪ
amerikansk football

ምዝዋር ብሽግለታ
cykling

ተኒስ
tennis

ባስከትባል
basketball

ምሕምባስ
svømning

ቦክሲንግ
boksning

ሆኪ በረድ
ishockey

ኩዕሶ እግሪ
fodbold

ባድሚንቶን
badminton

እስፖርታዊ ንጥፈታት
atletik

ኩዕሶ ኢድ
håndbold

ስኪ
skiløb

ፖሎ
polo

ነጠረ springe

ሓቖፈ give et knus

ሰሓቐ grine

ደረፈ synge

ኪድ gå

ጸለየ bede

ሰዓመ kysse

ሓለመ drømme

ጸሓፈ
....
skrive
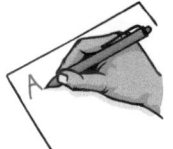

ሰኣለ
....
tegne

አርአየ
....
vise

ደፍአ
....
skubbe

ሃበ
....
give

ወሰደ
....
tage

ኣለወ

have

ገበረ

gøre

ኮነ

være

ጠጠው በለ

stå

ጐየየ

løbe

ሰሓብ

trække

ሰንደወ

kaste

ወደቐ

falde

ሓሰወ

ligge

ተጸበየ

vente

ሰከም

bære

ኮፍ በለ

sidde

ተኸድነ

tage på

ደቀሰ

sove

ተስአ

vågne

ንጥፈታት - aktiviteter

ረኣየ
....
se på

በኸየ
....
græde

ብኣጻብዑ ደረዘ
....
ae

መሸጠ
....
kæmme

ተዛረበ
....
tale

ተረድአ
....
forstå

ሓተተ
....
spørge

ሰምዐ
....
høre

ሰተየ
....
drikke

በልዐ
....
spise

አጽመጠ
....
rydde op

አፍቀረ
....
elske

ከሽነ
....
koge

ዘወረ
....
køre

ነፈረ
....
flyve

ብመርክብ ገየሽ

sejle

ደመረ

regne

አንበበ

læse

ተመሃረ

lære

ሰርሐ

arbejde

መርዓወ

gifte sig med

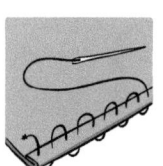

ሰፈየ

sy

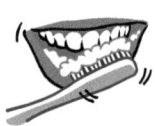

ጽሬት አስናን

børste tænder

ቀተለ

dræbe

ሺጋራ ተከሸ

ryge

ሰደደ

sende

ዓባየ
bedstemor

ኣቦሓጎ
bedstefar

ኣቦ
far

እደ
mor

ማማጋይ
baby

ጓል
datter

ወዲ
søn

ጋሻ
....
gæst

ሓትኖ
....
tante

ኣኮ
....
onkel

ሓው
....
bror

ሓፍቲ
....
søster

ኣካላት

krop

ግንባር
pande
ዓይኒ
øje
መንኩብ
skulder
ኣጻብዕ
finger
ገጽ
ansigt
መንከስ
hage
ኢድ
hånd
ሽፋን እግሪ
ben
ኣፍ-ልቢ
bryst
ምናት
arm

ማማይ

baby

ሰብኣይ

mand

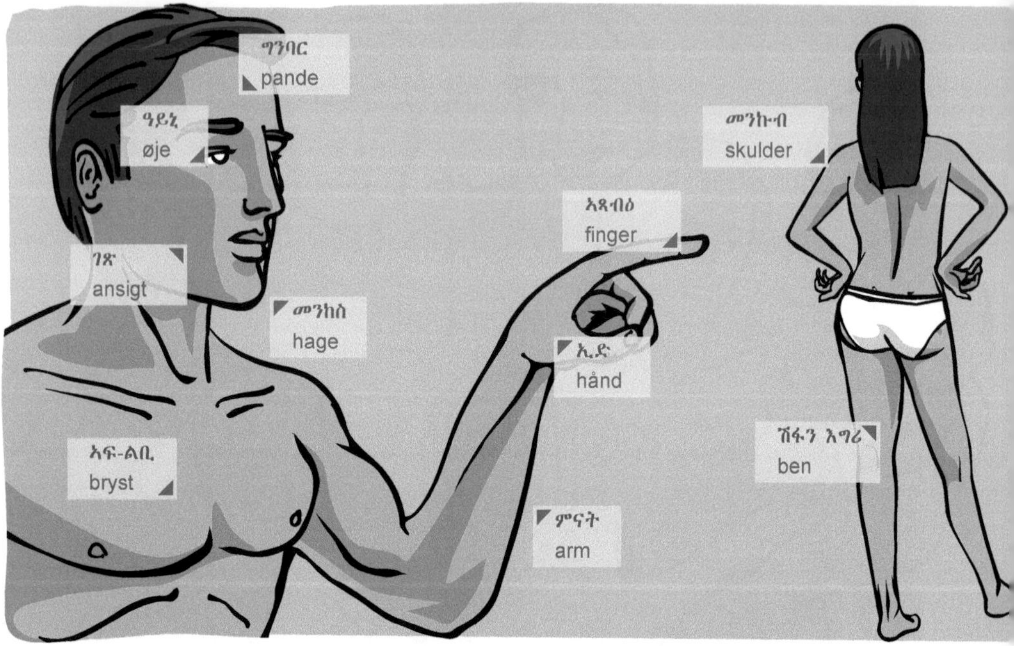

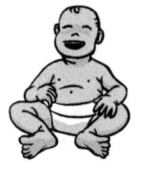

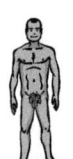

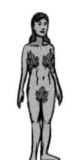

ሰበይቲ

kvinde

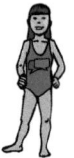

ጓል

pige

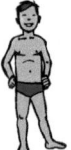

ወዲ

dreng

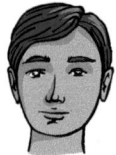

ርእሲ

hoved

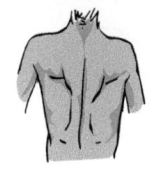

ሕቖ

ryg

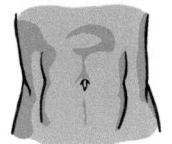

ከስዐ

mave

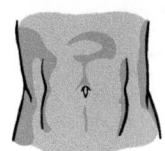

ሕምብርቲ

navle

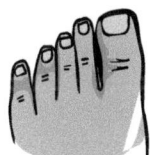

አጻብዕ እግሪ

tå

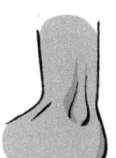

ኩርኩረ

hæl

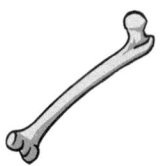

ዓጽሚ

knogle

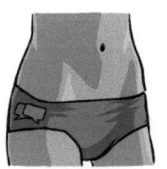

ምሕኮልቲ

hofte

ብርኪ

knæ

ፍግፍጉ

albue

አፍንጫ

næse

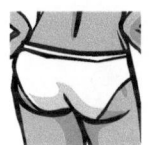

መዓኮር

bagdel

ቆርበት

hud

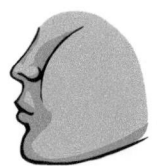

ምዕጉርቲ

kind

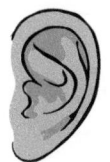

እዝኒ

øre

ከንፈር

læbe

አፍ

mund

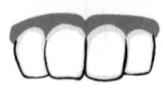

ስኒ

tand

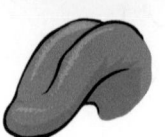

መልሓስ

tunge

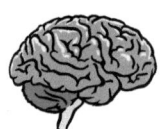

ሓንጎል

hjerne

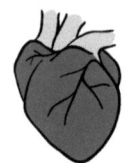

ልቢ

hjerte

ጭዋዳ

muskel

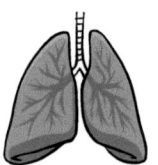

ሳንቡእ

lunge

ጸላም ከብዲ

lever

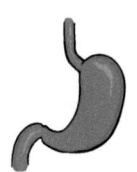

ከብዲ

mavesæk

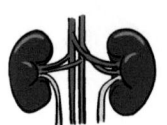

ኩሊት

nyrer

ግብረ ስጋ

sex

ኮንዶም

kondom

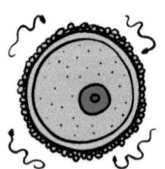

እንቋቍሓ

ægcelle

ዘርኢ ተባዕታይ

sperm

ጥንሲ

svangerskab

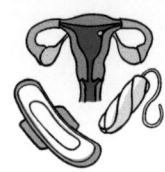

ጽግያት

menstruation

ርሕሚ

vagina

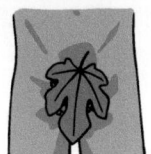

መትሎ

penis

ሸፋ-ሽፋፍቲ

øjenbryn

ጸግሪ

hår

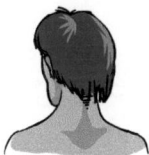

ክሳድ

hals

ሆስፒታል
sygehus

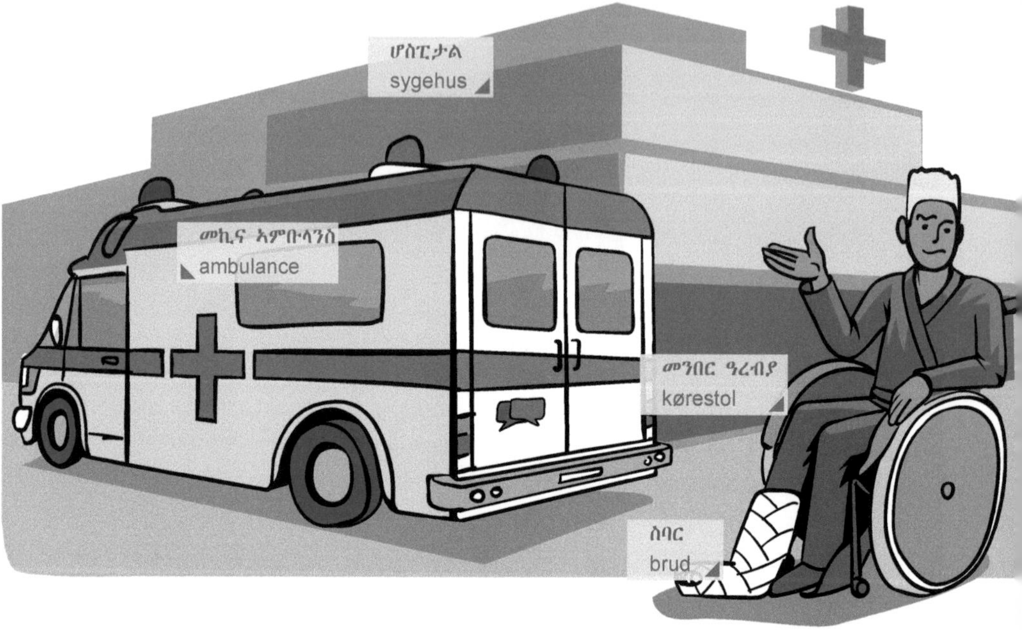

ሆስፒታል
sygehus
መኪና ኣምቡላንስ
ambulance
መንበር ዓረብያ
kørestol
ስባር
brud

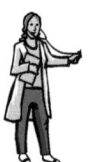

ሓኪም

læge

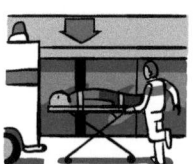

ክፍሊ ህጹጽ ረድኤት

akutmodtagelse

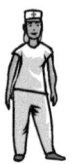

ኣላይት

sygeplejerske

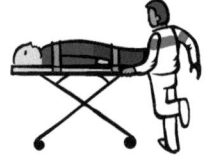

ህጹጽ ኩነት

nødstilfælde

ውነኡ ዘጥፍአ

bevidstløs

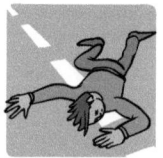

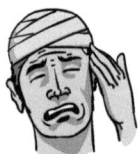

ቃንዛ

smerte

ጉድኣት

skade

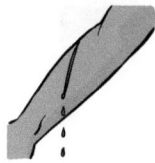

ደም

blødning

ማህረምቲ

hjerteinfarkt

ማህረምቲ

slagtilfælde

ኣለርጂ

allergi

ሰዓል

hoste

ረስኒ

feber

ኡንፍልወንዛ

influenza

ውጽኣት

diarré

ቃንዛ ርእሲ

hovedpine

መንሽሮ

kræft

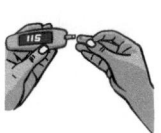

ሹኮርያ

diabetes

ሓኪም መጥባሕቲ

kirurg

መጥብሒ

skalpel

መጥባሕቲ

operation

CT

CT

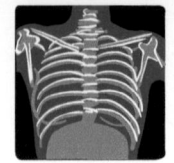

ራጄ

røntgen

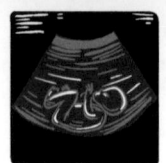

ልዕለ ድምጻዊ

ultralyd

መሸፈኒ ገጽ

maske

ሕማም

sygdom

ክፍሊ ምጽባይ

venteværelse

ምርኩስ

krykke

መጆነኒ ቑስሊ

plaster

መጆነኒ

forbinding

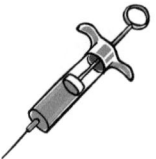

መርፍዕ ምውጋእ

injektion

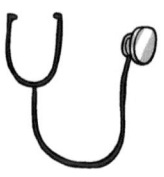

ስተቶስኮፕ

stetoskop

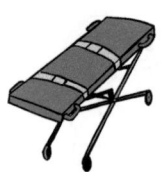

መስከሚ ሕማም

båre

ቴርሞመተር

termometer

ትውልዲ

fødsel

ልዕለ-ሚዛን

overvægt

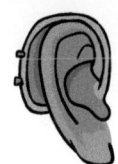

ሓገዝ ምስማዕ

høreapparat

ኣንጻሂ

desinficerende middel

ልበዳ

infektion

ቫይረስ

virus

ኤድስ

HIV / AIDS

ሕክምና

medicin

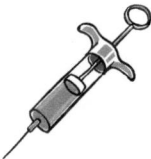

ክታብ

vaccination

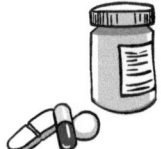

ክኒና

tabletter

ክኒና

pille

ህጹጽ ምድዋል

nødopkald

መዕቀኒ ጻቕጢ ደም

blodtryksmåler

ሕሙም / ጥዑይ

syg / rask

ሓገዝ

Hjælp!

ኣላርም

alarm

ምህጃም

overfald

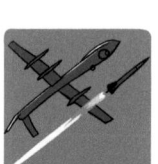

መጥቃዕቲ

angreb

ድንገት

fare

ህጹጽ መውጽኢ

nødudgang

ሓዊ!

Det brænder!

መጥፍኢ ሓዊ

ildslukker

ሓደጋ

uheld

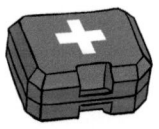

ሳንጣ ቀዳማይ ረድኤት

førstehjælps-kuffert

SOS

SOS

ፖሊስ

politi

ኤውሮጳ

Europa

ሰሜን አመሪካ

Nordamerika

ደቡብ አመሪካ

Sydamerika

አፍሪቃ

Afrika

ኤስያ

Asien

አውስትራልያ

Australien

አትላንቲክ

Atlanterhavet

ፓሲፊክ

Stillehavet

ህንዳዊ ዉቅያኖስ

Indiske Ocean

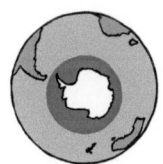

አንታርቲካዊ ዉቅያኖስ

Sydlige Ishav

አርክቲካዊ ዉቅያኖስ

Ishav

ሰሜናዊ ዋልታ

Nordpol

ደቡባዊ ዋልታ
....
Sydpol

አንታርቲካ
....
Antarktis

ምድሪ
....
Jorden

መሬት
....
land

ባሕሪ
....
hav

ደሴት
....
ø

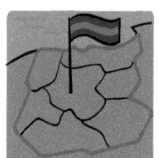

ሃገር
....
nation

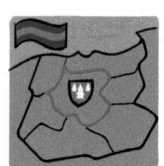

ዓዲ
....
stat

ገጽ ሰዓት

urskive

አመልካቲ ሰዓታት

timeviser

አመልካቲ ደቓይቕ

minutviser

አመልካቲ ካልኢት

sekundviser

ሰዓት ክንደይ አሎ?

Hvad er klokken?

መዓልቲ

dag

ግዜ

tid

ሕጂ

nu

ዲጊታል ሰዓት

digitalur

ደቓይቕ

minut

ሰዓት

time

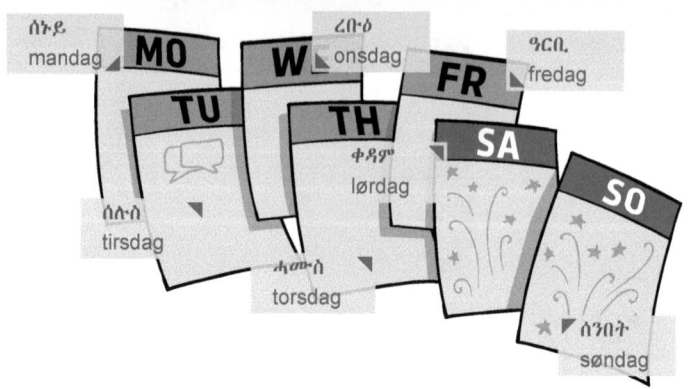

ስኑይ mandag · MO
ሰሉስ tirsdag · TU
ረቡዕ onsdag · W
ሓሙስ torsdag · TH
ቀዳም lørdag · SA
ዓርቢ fredag · FR
ሰንበት søndag · SO

ትማሊ

i går

ሎሚ

i dag

ጽባሕ

i morgen

ንጎሆ

morgen

ቀትሪ

middag

ምሸት

aften

MO	TU	WE	TH	FR	SA	SU
1	2	3	4	5	6	7
8	9	10	11	12	13	14
15	16	17	18	19	20	21
22	23	24	25	26	27	28
29	30	31	1	2	3	4

መዓልታት ስራሕ

arbejdsdage

MO	TU	WE	TH	FR	SA	SU
1	2	3	4	5	6	7
8	9	10	11	12	13	14
15	16	17	18	19	20	21
22	23	24	25	26	27	28
29	30	31	1	2	3	4

መወዳእታ ሰሙን

weekend

ዓመት

år

ዝናብ
regn
ቀስተ-ደመና
regnbue
ንፋስ
vind
በረድ
sne
ጽድያ
forår
ሓጋይ
sommer
ቀውዒ
efterår
ክረምቲ
vinter

4.APRIL 11°
5.APRIL 4°
6.APRIL 13°
7.APRIL 8°
8.APRIL 10°

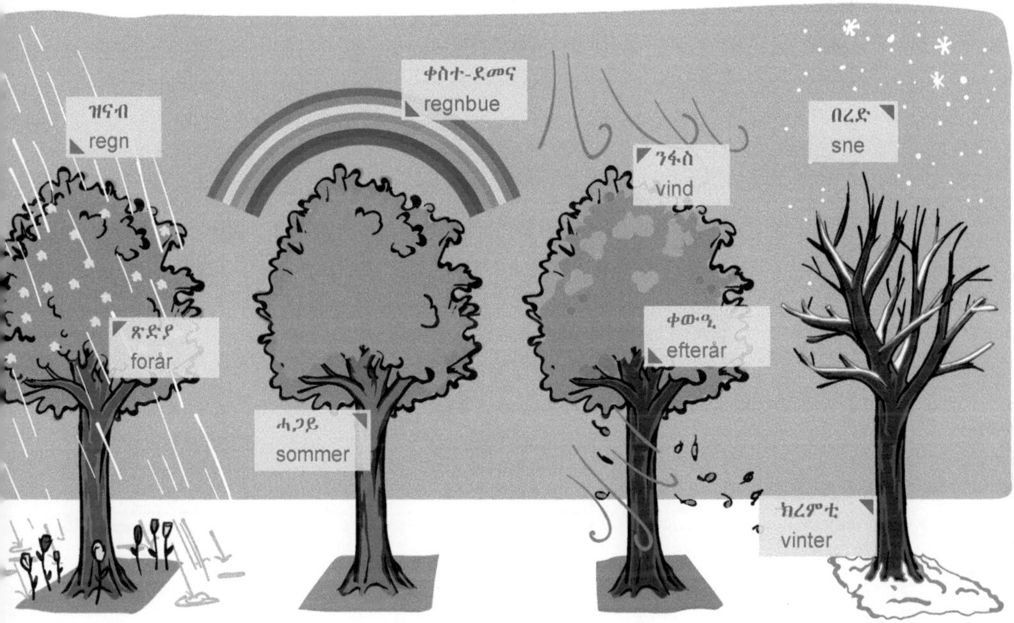

ትንቢት ኩነታት ኣየር

vejrudsigt

F C
120 40
90 30
60 20
30 10
0 0
-30 -10
-20

ቴርሞመተር

termometer

ብርሃን ጸሓይ

solskin

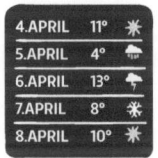

ደበና

sky

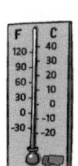

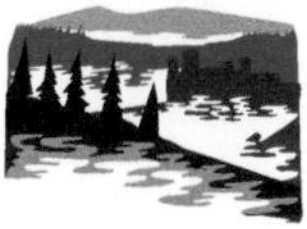

ግመ

tåge

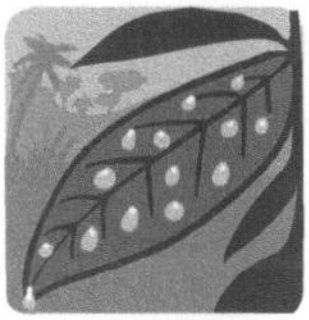

ጠሊ

luftfugtighed

ብርቂ
lyn

ነጎዳ
torden

ህቦብላ
storm

በረድ
hagl

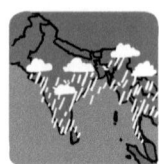

ብርቱዕ ህቦብላ
monsun

ውሕጅ
flod

በረድ
is

ጥሪ
januar

ለካቲት
februar

መጋቢት
marts

ሚያዝያ
april

ጉንበት
maj

ሰነ
juni

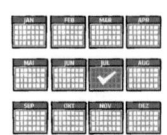

ሓምለ
juli

ነሓሰ
august

ዓመት - år

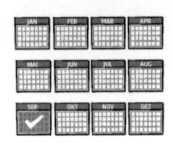

መስከረም
....
september

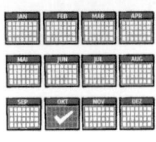

ጥቅምቲ
....
oktober

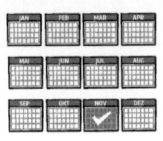

ሕዳር
....
november

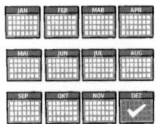

ታሕሳስ
....
december

ዙርያ
....
cirkel

ትርብዒት
....
kvadrat

ቅኑዕ ርቡዕ ኵርናዕ
....
firkant

ስሉስ ኵርናዕ
....
trekant

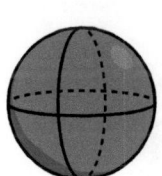

ክቢ
....
kugle

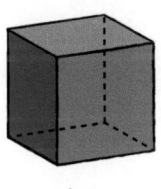

ኩቦ
....
terning

ጸዕዳ

hvid

ብጫ

gul

አራንጂ

orange

ፒንክ

pink

ቀይሕ

rød

ጁኽ

lilla

ሰማያዊ

blå

ቀጠልያ

grøn

ቡናዊ

brun

ሓሙኹሽታይ

grå

ጸሊም

sort

ብዙሕ / ውሑድ

meget / lidt

ሕሩቕ / ሰላማዊ

rasende / fredelig

ጽቡቕ / ክፉእ

smuk / grim

መጀመርያ / መወዳእታ

begyndelse / slut

ዓቢ / ንእሽቶ

stor / lille

ብሩህ / ጸልማት

lys / mørk

ሓው / ሓፍት

bror / søster

ጽሩይ / ርሳሕ

ren / snavset

ምሉእ / ዘይምሉእ

fuldkommen / ufuldkommen

መዓልቲ / ለይቲ

dag / nat

ሙዉት / ህልው

død / levende

ሰፊሕ / ጸቢብ

bred / smal

ደስ ዘበል / ደስ ዘይብል

spiselig / uspiselig

እኩይ / ህያዋይ

vred / venlig

ርቡጽ / ስልኩይ

ophidset / kedet

ረጊድ / ቀጢን

tyk / tynd

ቀዳማይ / ናይ መወዳእታ

først / sidst

ዓርኪ / ጸላኢ

ven / fjende

ምሉእ / ባዶ

fuld / tom

ተሪር / ልስሉስ

hård / blød

ከቢድ / ፈኩስ

tung / let

ጥምየት / ጽምየት

sult / tørst

ሕሙም / ጥዑይ

syg / rask

ዘይሕጋዊ / ሕጋዊ

illegal / legal

መስተውዓሊ / ስዂ

intelligent / dum

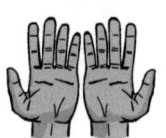

ጸጋም / የማን

venstre / højre

ቐረባ / ርሑቕ

nær / fjern

ሓዲሽ / ብሉይ
ny / brugt

ዋላ ሓደ / ገለ
intet / noget

ዓቢ/ኣረጊት / መንእሰይ
gammel / ung

ወልዐ / ኣጥፍአ
tændt / slukket

ክፉት / ዕጹ.ው
åben / lukket

ህዱእ / ዓው
stille / højt

ሃብታም / ድኻ
rig / fattig

ቅኑዕ / ግጉይ
rigtig / forkert

ሓርፋፍ / ልሙጽ
ru / glat

ጉሁይ / ሕጉስ
ked af det / lykkelig

ሓጺር / ነዊሕ
kort / lang

ቀስ / ቅልጡፍ
langsom / hurtig

ጥሉል / ንቑጽ
våd / tør

ምዉቕ / ዝሑል
varm / kold

ውግእ / ሰላም
krig / fred

0

ዜሮ

nul

1

ሓደ

en

2

ክልተ

to

3

ሰለስተ

tre

4

ኣርባዕተ

fire

5

ሓሙሽተ

fem

6

ሽዱሽተ

seks

7

ሸውዓተ

syv

8

ሸሞንተ

otte

9

ትሽዓተ

ni

10

ዓሰርተ

ti

11

ዓሰርተ ሓደ

elleve

12

ዓሰርተ ክልተ

tolv

13

ዓሰርተ ሰለስተ

tretten

14

ዓሰርተ አርባዕተ

fjorten

15

ዓሰርተ ሓሙሽተ

femten

16

ዓሰርተ ሽዱሽተ

seksten

17

ዓሰርተ ሸውዓተ

sytten

18

ዓሰርተ ሸሞንተ

atten

19

ዓሰርተ ትሽዓተ

nitten

20

ዕስራ

tyve

100

ሚእቲ

hundrede

1.000

ሽሕ

tusinde

1.000.000

ሚልዮን

million

እንግሊዝኛ

engelsk

አመሪካዊ እንግሊዛዊ

amerikansk engelsk

ቻይናዊ ማንዳሪን

kinesisk mandarin

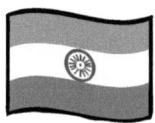

ሂንዳዊ

hindi

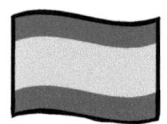

እስጳኛዊ

spansk

ፈረንሳዊ

fransk

ዓረባዊ

arabisk

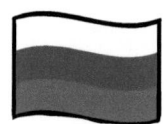

ሩሲያዊ

russisk

ፖርቱጋላዊ

portugisisk

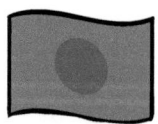

በንጋሊ

bengalsk

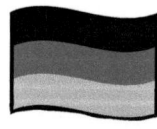

ጀርመናዊ

tysk

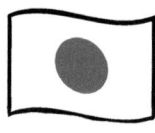

ጃፓናዊ

japansk

አነ

jeg

ንስኻ/ኺ,

du

ንሱ / ንሳ / ንሱ

han / hun / den / det

ንሕና

vi

ንስኻ

I

ንሳቶም

de

መን?

hvem?

እንታይ?

hvad?

ከመይ?

hvordan?

ኣበይ?

hvor?

መዓስ?

hvornår?

ሽም

navn

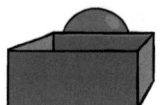

ድሕሪ

bag

ኣብ

i

ኣብ ቅድሚ

foran

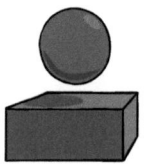

ኣብ ላዕሊ

over

ኣብ ልዕሊ

på

ትሕቲ ምድሪ

under

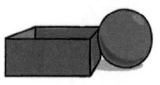

ኣብ ጥቓ

ved siden af

ኣብ መንጎ

imellem

በታ

sted